张充和、林徽因、胡蝶内心曾经的安稳与漂泊

周睿 著

随意到天涯

时代文艺出版社

图书在版编目(CIP)数据

随意到天涯 / 周睿著.—长春：时代文艺出版社，2015.9
ISBN 978-7-5387-4797-3
I.①随… II.①周… III.①女性-名人-生平事迹-中国-民国 IV.①K828.5

中国版本图书馆CIP数据核字(2015)第135838号

出品人	陈 琛
产品总监	郭力家
责任编辑	郜玉乐
装帧设计	刘太亨
排版制作	曲 丹

本书著作权、版式和装帧设计受国际版权公约和中华人民共和国著作权法保护
本书所有文字、图片和示意图等专有使用权为时代文艺出版社所有
未事先获得时代文艺出版社许可
本书的任何部分不得以图表、电子、影印、缩拍、录音和其他任何手段
进行复制和转载，违者必究

随意到天涯

周睿 著

出版发行/时代文艺出版社
地址/长春市泰来街1825号 时代文艺出版社 邮编/130011
总编办/0431-86012927 发行部/0431-86012957 北京开发部/010-63108163
网址/www.shidaicn.com
印刷/重庆市百合印刷厂
开本/850mm×1168mm 1/32 字数/130千 印张/6.25
版次/2015年9月第1版 印次/2015年9月第1次印刷 定价/35.00元

图书如有印装错误 请寄回印厂调换

自 序

对民国史，关于张充和、胡蝶、林徽因这三位女性的专著已经很多了，为什么我会萌发为她们再写别传的冲动呢？在大量阅读后发现，以她们的品格，一定不会乐意后世的读者将其置于神龛；她们的美丽、高贵与复杂的个性，也绝非概念化的；她们的内心世界，在其一生中都如我们一样敏感，而且无时无刻不在发生着微妙变化。她们命运中的沧海与桑田之变，也只有感受到"曾经沧海难为水"者才能洞察。

通过仔细研究，你会发现，林徽因、张充和与胡蝶生长在相同的时代环境下，却因不同的家庭背景、受教育环境、性格特质、人际关系等因素，而造就不同的人生抉择和跌宕命运。

纵观她们的一生，不难发现她们与同时代的女性相比，甚至是与同时代优秀的女性相比，更显得熠熠生辉。她们因时代的进步、观念的转变、家庭条件的允许，成为民国时期受过精良教育的女子。她们除具美貌之外，所受教育和成长经历让她们有着更丰富的见闻、敏锐的思想、处世的智慧。她们也因为自身的优秀而有更高的平台去实现人生的理想和个人价值。

她们不仅有自己的事业，也坚持着自己的事业。通过自身孜孜不倦地努力和追求，她们成为所在文学、艺术领域的佼佼者。在这些男人占绝对主导的领域，她们作为时代的精英女性，终究占有一席之地，巾帼不让须眉。

她们因美丽、独立、自信、智慧、才华和勇敢而变得优秀。在实现个人价值和理想的路上，除了林徽因，胡蝶与张充和两人都不小心成为大龄女青年，成婚时间相对较晚，但她们没有急躁和盲目择偶。在等待和寻觅爱情和婚姻时，她们努力提升自我；当找到自己理想那个伴侣后，相濡以沫、不离不弃。她们的择偶观启迪世人：真正的爱情和婚姻是互相勉励，共同努力经营，彼此成就的。

她们本为女子，相夫教子即可，但却在民国战乱、政权更替之际，选择将自己的命运与国家的命运紧密结合。她们或为保存中国古建筑跋山涉水，进行实地考察，整理大量文稿；或为存续中国传统艺术一个人孤军奋斗；或结合时代需要，拍摄大量爱国题材的电影教化世人……如此的爱国情怀、如此的深明大义让那个时代的汉奸、卖国贼情何以堪呢？

她们晚年之时，容颜渐老，一切光环褪去。她们没有执念追逐过往的荣耀与辉煌，而是回归平凡，做自己想做的事情、做自己能做的事情。尽管她们或饱受病痛的折磨，或经受爱人离世的打击，但却在经历人生大起大落之后，散发着积淀已久的厚重之美和迷人的魅力。她们依旧一个人守着孤独与寂寞，守着一颗真心，风轻云淡地笑看世事无常，颇有"行到水穷处，坐看云起时"的人生意境。这才造就了她们，成为20世纪风云际会中的传奇女性。而她们终因传奇而不朽，缔造了属于自己的时代。

时至今日，她们的励志、她们的抉择、她们的智慧、她们的人生态度、她们的处世哲学等都对现代女性有指导意义和启示作用。我希望本书能够给喜爱它的朋友更多关于人性、社交和生活态度的启示。

最后，我要特别感谢四个人。第一位是《莲灯诗梦——林徽因》的作者陈学勇教授。陈教授的学术精神、治史方法与治学态度给我的创作带来很大启发。二是张充和老人的弟媳周孝华老人。再次特别感谢周孝华老人为我提供了大量口述资料并给予我写作的支持。第三位是《小园即事》与《流动的斯文》的作者王道老师。感谢王老师对我学术研究的点拨与指导。第四位是我的好友刘倩。感谢刘倩为我收集整理了胡蝶的相关史料。

由于本人能力有限,在查阅历史资料和创作时不能面面俱到,错漏缺点在所难免,恳请读者朋友和专业人士批评指正,谢谢。

作者

2015年1月29日于渝

目 录

自序

第一章 兰心蕙质的民国才女——张充和

一、合肥名门：曾祖父张树声是淮军创始人之一 ……1
二、父亲张武龄与母亲陆英 ……4
三、上海出生后，过继给二祖母 ……5
四、父母迁居苏州，拓展文人的爱好 ……7
五、开明的家教 ……9
六、创办苏州乐益女中 ……9
七、二祖母的言传身教 ……12
八、勤学传统文化十余载——大家闺秀的传统学养 ……13
九、回到苏州张家，感受时代变化 ……17
十、结缘昆曲 ……18
十一、考取北大 ……20
十二、休学回家——担任编辑，演出昆曲 ……22
十三、避难成都，以曲会友 ……25
十四、前往云南，与文人骚客的交往 ……27
十五、任职于重庆教育部音乐委员会 ……29
十六、向沈尹默学习书法 ……31

十七、到礼乐馆编选乐章 …………………… 34

十八、《曲人鸿爪》与《仕女图》 …………… 34

十九、无奈与憧憬 …………………………… 36

二十、抗战胜利后，北大授课与结婚 ……… 38

二十一、移民至美国，拮据的生活 ………… 40

二十二、传授书法与昆曲艺术 ……………… 42

第二章　华语影坛首位影后——胡蝶

一、辗转漂泊的年少时光 …………………… 51

二、回到上海，追逐电影 …………………… 54

三、在大中华电影学校的日子 ……………… 56

四、影片《战功》中的配角 ………………… 58

五、影片《秋扇怨》里的女主角 …………… 59

六、因戏结缘，假戏真做 …………………… 60

七、正式签约天一影片公司 ………………… 62

八、与初恋林雪怀订婚 ……………………… 64

九、签约实力派的明星影片公司 …………… 66

十、与阮玲玉合拍《白云塔》 ……………… 67

十一、《火烧红莲寺》中的红姑 …………… 68

十二、中国第一部有声电影《歌女红牡丹》…73

十三、与林雪怀解除婚约 …………………… 75

十四、北平外景拍摄 ………………………… 77

十五、与张学良跳舞的绯闻 ………………… 80

十六、解救明星公司，结识杜月笙 ………… 82

十七、开启左翼电影时代 …………………………84
十八、结识青年才俊潘有声 …………………………86
十九、荣登"电影皇后"宝座 …………………………87
二十、以《姊妹花》为代表的系列左翼影片 …………90
二十一、参加莫斯科国际影展与欧洲之旅 ……………94
二十二、与潘有声结婚，淡出影坛 ……………………98
二十三、抗战爆发，辗转香港 …………………………101
二十四、避难至重庆，痛失毕生积蓄 …………………103
二十五、被戴笠霸占 ……………………………………104
二十六、重返香港，丈夫潘有声去世 …………………106
二十七、"蝴蝶"飞走了 ………………………………110

第三章 才华横溢的作家、建筑师——林徽因

一、传统大家庭下的成长 ………………………………114
二、与梁思成的"相亲会" ……………………………116
三、旅居伦敦，名媛的养成 ……………………………118
四、结缘徐志摩 …………………………………………120
五、情定梁思成 …………………………………………124
六、赴美留学，愉快的大一生活 ………………………127
七、父亲林长民离世 ……………………………………129
八、徐志摩再婚 …………………………………………130
九、嫁给梁思成 …………………………………………131
十、欧洲蜜月之旅 ………………………………………132
十一、在东北大学的创业——创办建筑系和营造事务所…133

十二、香山疗养，文学创作的开始 …………136

十三、加入营造学社——开始古建筑研究工作 …………139

十四、徐志摩之死 …………140

十五、再上香山疗养 …………142

十六、古建筑考察研究 …………144

十七、情真志坚的金岳霖 …………145

十八、作家林徽因 …………149

十九、"文学沙龙"上的焦点人物 …………150

二十、《学文》杂志上的诗歌与小说创作 …………152

二十一、发表在《大公报·文艺》副刊上的创作 …………153

二十二、创作《模影零篇》系列短篇小说 …………153

二十三、谈诗歌 …………154

二十四、小说甄选评委 …………155

二十五、担任《文学》杂志编委并尝试戏剧创作 …………157

二十六、逃难生涯 …………158

二十七、昆明的拮据生活 …………161

二十八、重启营造学社 …………163

二十九、孤独与病痛中的李庄生活 …………164

三十、对子女的教育 …………167

三十一、协助梁思成撰写《中国建筑史》 …………168

三十二、抗战胜利与陪都之行 …………170

三十三、创办清华大学建筑系 …………172

三十四、为新中国建设投入巨大热情 …………175

三十五、参与国徽等设计 …………177

三十六、伤感地离世 …………180

20世纪的中国，在从传统社会向现代社会转型的过程中，有这样三位民国传奇女子，与时代同呼吸、和祖国共命运，书写了各自传奇的人生。她们就是：才华横溢的新体诗诗人、国徽设计者林徽因，兰心蕙质的左手昆曲、右手墨宝的旧时代的最后闺秀张充和，命运多舛、扬名上海十里洋场的近现代中华电影史上首位影后胡蝶。彼此人生并没有交集的三位民国奇女子，却以各自传奇而璀璨的人生篇章记录了大时代风云变幻的精彩与瑰奇。

* * *

1912年，中华民国成立，结束了大清王朝入主中原、统治华夏二百六十八年的历史。

同年，林徽因八岁。她的父亲林长民被推举为福建省的议员，进入中华民国南京临时参议院，并参与制定《中华民国临时约法》。随后他当选临时参议院秘书长。与此同时，作为前清官员的祖父林孝恂将林家从杭州搬迁到了国际化大都市上海。林徽因被祖父安排在家附近的爱国小学念书，开始从家塾私学走进现代学校。

同年，张充和的父亲张武龄举家从合肥搬到繁华的大上海。他和妻子陆英带着老母、四个年老的姨娘，几个堂兄弟姐妹，三个小女儿和一大群仆人花了好几个月，完成了耗资巨大的搬迁。来到上海后不久，陆英怀孕了。之前，她接连生下三个女儿。这一次她期盼能够生下一个儿子。可是孩子生出来时，发现又是一个女儿，陆英感到十分沮丧。而这个张家的四女儿就是张充和。八个月之后，张充和被合肥老家的二祖母领养。

同年，上海诞生了第一家由外国人创办的电影院。此时年仅四岁的胡蝶因父亲胡少贡任职京奉铁路总稽查的缘故，开始了在铁路沿线的奔波生活。

* * *

1917年，林徽因十三岁。林长民在段祺瑞执政的北洋政府出任司法总长。

她被父亲安排在北平著名的贵族教会学校培华女中读书。此时的林徽因已经出落得极为标致，林长民开始谋虑女儿的婚事。因为，这时有一个合适的人选已经出现，他就是林父好友梁启超的大公子梁思成。

同年，张充和四岁。这一年，张家举家从上海又搬迁至环境优美宁静的苏州。张充和则和二祖母一起生活在合肥老家的大宅院，深居简出。此时的张充和在二祖母的教养下已经会背唐诗，并开始学习《三字经》和《千字文》。

* * *

1922年，胡蝶九岁。胡少贡辞去了总稽查，回到家乡广州经商。胡蝶跟随家人一起搬迁到广州，并转入广州培道中学学习。

1919年，北洋政府在巴黎和会上外交失败，山东主权被协约国"转"给了日本，这激起了国人愤慨，一场划时代的五四爱国运动爆发了。

同年，林徽因十五岁。林长民点燃了五四运动。1919年5月1日，他撰写了一篇《山东忘矣》的文章，揭露北洋政府在巴黎和会上的外交失败，并号召国人起来反抗。5月2日该文发表在《晨报》上。在报纸的宣传下，北京的学生愤怒了。两天后，一场震动全国的五四运动爆发了。

同年，张充和六岁。张武龄深受五四运动影响，将目光转移到了社会教育问题上。他开始计划在苏州自主办学，力图用知识和教育改变社会风气，培育人才，践行教育救国。与此同时，二祖母开始请国学老师到家里来给张充和上课，使她接受系统的国学课程训练。

同年，胡蝶十一岁。她对盛行广州的皮影戏产生了浓厚的兴趣。这种依靠光与影相结合的表演形式与流行在中国的"西洋影戏"（电影早期的称呼）类似。

* * *

1922年，林徽因十八岁。梁思成开始主动约会林徽因，两人谈起了恋爱。

10月，徐志摩带着对林徽因的一往情深，从英国伦敦毕业归来。

同年，张充和九岁。张充和的二祖母从山东博物馆聘请了著名的考古学家朱谟钦，给张充和当全职家庭教师。在二祖母聘请的国学老师中，朱谟钦是授课时间最长的、对张充和影响最大的一位老师。张充和的古文造诣、书法底蕴以及收藏古墨的爱好，都得益于朱谟钦的引导。

同年，胡蝶十四岁。当年中国公映了最早的三部国产影片——《海誓》《红粉骷髅》《阎瑞生》。胡蝶在父亲胡少贡的带领下第一次到电影院观看了人生中的第一部电影《海誓》。爱情片《海誓》一反过去"男演女"的保守传统，大胆启用女性直接扮演女主角。胡蝶在被《海誓》情节感动之余，更是佩服片中女演员的勇气。

* * *

1927年，林徽因二十三岁。林徽因在美国宾夕法尼亚大学获得了美术学士学位，然后，又进入耶鲁大学戏剧学院，学习舞台美术设计。1927年年底，梁家与林家在北平为梁思成与林徽因举行了正式的订婚仪式。

同年，张充和十四岁。她随二祖母一起回到苏州九如巷家中探亲。这是张充和第二次回苏州张家。而此时，她的母亲陆英已经去世七年。

同年，胡蝶十九岁。胡蝶签约上海天一电影公司已经是第二个年头。1927年，胡蝶出演了天一电影公司拍摄的《白蛇传》《铁扇公主》《女律师》等多部影片，成为当红小花旦。1927年3月22日，胡蝶与初恋情人、演员林雪怀在上海北四川路上的月宫舞场举办了盛大的订婚式，上海滩电影界的众多友人到场祝贺，愿一对新人白头到老。

* * *

1931年9月18日，日本人炸毁沈阳附近南满铁路柳条湖一段，反诬是中国东北军所为，悍然对中国东北军的驻地北大营和沈阳发动进攻，史称"九一八"事变。事件发生之后，东北军总司令张学良奉行南京国民政府首领蒋介石的"不抵抗"政策，不到半年日军占领了整个东北三省。

同年，林徽因二十七岁。林徽因感染肺结核病，前往北平香山疗养半年。在香山疗养期间，受徐志摩影响，林徽因开始创作和发表诗歌与短篇小说。1931年9月，由于东北爆发"九一八"事变，梁思成离开东北大学，回到北平定居。不久，梁思成和林徽因受邀共同加入了"中国营造学社"，开始进行中国古建筑学术研究。1931年11月19日，林徽因在北大做关于中国建筑艺术的讲座，邀请徐志摩前来参观。受邀出席的徐志摩因飞机失事而不幸罹难。

同年，张充和十七岁。她已经离开合肥老家，被父亲张武龄接回苏州九如巷家中，并进入父亲张武龄创办的乐益女中上学。此外，父亲在家中为张充和请来专门的昆曲老师，教她学习昆曲艺术。1931年9月，张充和和大姐张元和一起加入了苏州的一个专为苏州中上流社会的名媛淑女创办的幔亭曲社。

同年，胡蝶二十三岁。已成为明星公司台柱的胡蝶凭借十八集武侠电影《火烧红莲寺》红极一时，也因武侠片的价值观导向问题，面临众多的社会指责。1931年2月28日，胡蝶与林雪怀的离婚案正式开庭，备受舆论关注。1931年3月15日，胡蝶主演的《歌女红牡丹》在上海新光大戏院公映，轰动整个上海。《歌女红牡丹》标志着中国电影从此进入有声时代。剧中女主演胡蝶也成为那个时代的标志性人物之一，同时也奠定了她在中国电影史上的地位。1931年，"九一八"事变后，胡蝶更因与张学良跳舞的谣言被谴责为"红颜祸水"。

* * *

1937年7月7日，日本制造卢沟桥事变，发动全面侵华的战争。

同年，林徽因三十三岁。林徽因被聘任为《文学》杂志编委。她在《文学》杂志上首次发表了她的多幕戏剧作品《梅真同他们》。该剧连载到第三幕后，日本全面侵华战争打响。7月29日，北平沦陷。8月，《文学》杂志被迫停刊。《梅真同他们》的第四幕大结局未来得及刊登。1937年9月5日，林徽因和梁思成带着两个年幼的孩子和老母，开始了抗战时期的避难生涯。

同年，张充和二十四岁。卢沟桥事变后，趁着日军还未占领苏州之际，张充和的父亲张武龄关闭了乐益女中，返回合肥老家。张家十姐弟也各自走上了避难生涯。张充和跟四弟张宇和一起离开苏州，投奔在成都教书的二姐张允和。

同年，胡蝶二十九岁。已为人妻的胡蝶秉持着只跟明星公司合作，并且一年只拍一部电影的原则继续活跃在大荧幕。1937年，胡蝶与明星公司合作拍完《永远的微笑》后不久，日本全面侵华战争爆发。1937年11月12日，日军占领上海，明星公司被迫解体，胡蝶和丈夫潘有声避难至香港。

* * *

1943年，林徽因三十九岁。在封闭落后的四川省宜宾市东郊小镇李庄，卧病在床的林徽因协助梁思成撰写《中国古建筑史》。林徽因负责为书稿作补充、修改和文字润色，此外，她还负责编撰了书中第六章关于宋、辽、金时期古建筑叙述的三个小节。

同年，张充和三十岁。她被重庆教育部选调到北碚刚刚成立的礼乐馆，从事古典音乐和昆曲曲谱研究和整理工作。张充和一共整理了二十四篇用于奏乐的诗文，并亲自用毛笔抄录。这是她首次向世人展示自己的书法艺术。

同年，胡蝶三十五岁。此时的香港已经被日军占领。胡蝶和丈夫潘有声带着一双儿女从香港逃离至陪都重庆。不料，胡蝶一来到重庆就被军统局副局长戴笠霸占，从此开始了长达三年的噩梦。

* * *

1945年，8月15日，日本宣布无条件投降，八年抗战胜利结束。但是，一年之后，解放战争爆发了。至1948年底，共产党的军队已经占据了绝对优势，一个崭新的时代即将来临。

* * *

1948年，林徽因四十四岁。1948年底，解放军向北平进军。解放军十三兵团政治部联络处的两名负责人来到梁思成家中，恳请梁思成和林徽因在地图上标出禁止炮击的重要古建筑文物区域，以便进攻时减少损失。这是梁思成和林徽因第一次和共产党人打交道。中国共产党对北平名校与名胜古迹保护的态度让两人感动不已。

同年，张充和三十五岁。她正在北大任职书法课和昆曲课讲师。1948年11月21日，她嫁给了北大外语系的美籍教授傅汉思。她决定婚后与丈夫傅汉思到美国定居。

同年，胡蝶四十岁。胡蝶和丈夫潘有声已到香港近两年。此时的胡蝶暂时告别了影坛，协助丈夫潘有声做起了生意。夫妻二人在香港创办了一家兴华洋行，并打造了"蝴蝶牌"暖水瓶。

* * *

新中国成立后，林徽因的病情没有丝毫起色，但是她的精神面貌和生活方式发生了重大的改变。她每天都忙得不亦乐乎。因为新中国的领导人给了她很多机会。她被聘为清华大学建筑系一级教授，并先后担任北京市都市计划委员会委员兼工程师、人民英雄纪念碑建设委员会委员、北京市第一届人民代表大会代表、第二届全国文艺工作者代表大会代表和中国建筑学会理事。1954年秋，林徽因病情急转恶化，她被迫停止了一切工作，卧床静养。1955年4月1日，林徽因病逝，享年五十一岁。

* * *

从1949年到1959年，十年时间，张充和成了家里的顶梁柱，承担了家里的大部分开销，她在美国加州伯克莱大学东亚图书馆担任了八年的图书管理员。因为这一时期,她的丈夫傅汉思正在专心攻读汉学博士学位。

1952年,胡蝶的丈夫潘有声在香港病逝。从1953年起,胡蝶断断续续在香港接拍了五部电影。其中主演的《后门》在第七届亚洲电影展上获得最佳女演员的大奖。

20世纪80年代以后,中国的改革开放不断深入。

20世纪80年代后期至90年代,林徽因的文学作品集开始在内地和香港出版面市。

1985年,在美国耶鲁大学教授书法艺术课的张充和正式退休。1986年,张充和因参加北京举办的纪念中国戏剧祖宗汤显祖逝世三百七十周年大会,和定居美国的大姐张元和一起再次返回中国。张家姐弟团聚北京。1988年,在纽约昆曲社成立,为海外昆曲传承做出重要贡献的张充和被聘为该社的主要顾问。

从20世纪80年代起,许多报刊杂志登出了胡蝶各个时期主演的电影剧照,高度肯定她对中国电影事业的贡献。1986年由胡蝶口述、刘慧琴整理出版的《胡蝶回忆录》问世。同年,台湾金马奖评奖委员会鉴于胡蝶在中国电影事业上的贡献,授予胡蝶金马奖。1989年4月25日,胡蝶在加拿大温哥华病逝。胡蝶留给世人的最后一句话是:"胡蝶要飞走了!中国,衷心祝愿您繁荣昌盛!"

第一章 兰心蕙质的民国才女——张充和

1913年5月17日,张充和生于上海,祖籍安徽合肥,1949年移民至美国。她是近现代中国著名的书法家、昆曲家,被誉为"民国最后一个才女""最后的大家闺秀"。诗词歌赋、书法丹青、戏曲演艺样样精通。她似乎生错了时代,她是中国社会最后的古典闺秀,和新时代自由风气下的新女性相比,她显得古典雅致,不跟风、不入流,心气儿高,我行我素,个性十足。但又恰好是她与时代的格格不入,使得中国传统文化在她身上得以延续下来。她因具有渊博的学识修养而自信,所以她习惯静静地活在自己的艺术世界里,终身保持极高的格调,不贪慕虚荣,追名逐利。她像是《红楼梦》里走出来的闺秀,有着不入平凡的心性。她用她的一生演绎了不与世争的人才是真正高傲的人。

她的前半生很有底气,也很端庄,沉迷在自己玩文学和艺术的境界里,宁静致远。后半生移民美国,美国"小州寡民"的宁静和"庄园独栋"的居住环境又恰好给了她喜爱的艺术一个施展的空间。

她一辈子精专于书法与昆曲艺术,写了一辈子书法,唱了一辈子昆曲,几十年如一日,造就出一流大师。或许,能不为生计所恼,有足够的物质基础,无与世争,做自己喜欢的文艺,才是人生最美好的事。

一、合肥名门:曾祖父张树声是淮军创始人之一

19世纪中期,清王朝可谓风雨飘摇,南方的太平天国运动和北方的捻军起义极大地动摇了其统治根基。承平日久,血性渐丧的八旗子

弟在战场上频频败于起义军，满清统治者为了挽回败局，重振江山社稷，不得不放权于地方汉族官僚，听凭其招募乡兵义勇，镇压起义军。

1853年，安徽合肥人士张树声与他的几个兄弟在家乡兴办团练，参与镇压太平军。骁勇善战的张家团练在合肥一带战功赫赫，声名鹊起。1862年，张家团练并入李鸿章新组建的淮军。淮军是一支受两江总督、抗击太平军主帅曾国藩器重的团练正规军。与张树声同为老乡的李鸿章原本也是合肥当地一支团练的首领，他师从曾国藩，并得到曾国藩的提拔。而张树声加入淮军后，成为淮军中地位仅次于李鸿章的将领。

张树声跟随李鸿章和曾国藩先后镇压了太平军和捻军，立下汗马功劳。最后，他得李鸿章的推荐，受到慈禧太后的提携，先后升任两江总督、两广总督和直隶总督，官至从一品。《清史稿》有张树声的传记。

张树声的功成名就，让张氏家族成为与李鸿章的李家齐名的安徽第二大家族。随着张树声仕途的发展，张树声给张家带来了巨大的财富，包括合肥西乡占地百亩的大庄园"张老圩"和在南方的大量田产、房产、商铺、金银珠宝和古籍收藏。

此外，张树声跟晚清著名的地主阶级开明派（洋务派）代表曾国藩、李鸿章、张之洞、左宗棠等一样，是一位严于律己、发愤图强、关心国家发展与近代化改革的洋务大臣。他在行政上表现得务实勤政，深得民心。张树声虽然武将出身，却非常重视知识文化，接受了向西方学习的新思潮。他曾出资赞助合肥老家创办肥西书院，并在广州创办西式学堂，推广西方科技知识。

张树声共有九子。大儿子张华奎，即张充和的祖父，受张树声的

第一章 兰心蕙质的民国才女——张充和

张母陆英　　　　　　孩童时的充和（左）与小叔叔　　张家四姐妹与继母韦均一
　　　　　　　　　　张成龄

青春时代苏州虎丘下骑马　青春活泼的游泳证件照　　北大时光

影响，考取功名，步入仕途，在四川担任过川东道台。由于张华奎膝下无子，故将五房堂弟之子张武龄（又名张冀牖）过继门下。张武龄是张充和的父亲。在襁褓中的张武龄就随父亲到川东上任，直到1898年，张武龄九岁时，张华奎在川东因病早逝，张武龄又随母亲和几个姨娘回到了合肥"张老圩"。而整个张氏家族也随着"脱离政治"而逐渐家道中落。

二、父亲张武龄与母亲陆英

1905年，清政府为了推广新式教育，培养更多的社会型人才，废除了以选拔官员为目的的考试制度——科举制。这一年，张武龄十六岁。这意味着，他没有了考取功名再随父辈进入清廷做官的机会。而这时的清政府已气数将尽，第二年，十七岁的张武龄娶妻成家。他的妻子，也就是张充和的生母，陆英，江苏扬州人士，也是扬州一带豪门望族之女，与张武龄算是门当户对。

比张武龄大四岁的陆英，嫁到张家后，靠着在娘家受到的良好教育，帮助张武龄打理起整个张家。在所有长辈和奴仆的眼中，"主内管家"陆英表现得贤德干练、秀外慧中。她每日在书房中记账、练字、爱看戏、爱看唱本小说和爱唱扬州小曲。陆氏将张家里里外外打理得井井有条，堪称贤内助，并接连生下三个女儿，分别是张元和、张允和和张兆和。

在20世纪初期，很多有识之士、热血青年投身政治，宣传立宪改革或者反清革命。各地创办报刊杂志，宣传新政治主张的活动犹如雨后春笋。也有很多人找到了新的商机，做起了买办生意或者办起工厂，成为实业家。然而，张武龄既没有投身政治，也没有创办实业。

张武龄作为张氏家族嫡系的一支，继承了大量祖产。由于祖辈创造了大量的财富，使他生活富裕闲适，一辈子不愁吃穿。所以养尊处优的张武龄并没有表现出人生事业上多么激进的斗志和进一步飞黄腾达的野心。从小饱读诗书的他，继承了书香门第该有的丰富学养和品质。在他身上能找到文人的沉潜、儒雅，并且奉行中庸之道。他秉性温和内敛，有严格的自律，不抽烟、不喝酒、不赌博，为人处世颇有君子之风。

家底的殷实、家庭的美满和文人的情怀让张武龄热爱生活，也心怀天下。他热爱知识，文学的、艺术的，传统的、西方的都爱，颇具理想主义气质。他酷爱阅读，传统古籍和新时期的各种报刊杂志都看，所以，饱读诗书，爱好研究篆体字的张武龄，骨子里保留了中国传统文人之风，但又并不守旧，相反的，他在阅读新式书籍、报刊和感受时代变化的过程中，思想相当开明、新潮，与时俱进。

正是由于这样的阅读之风，使得张武龄没有像其他传统守旧的地主一样去传承家业，守在故土合肥当"土财主"。1912年初，清政府在全国各省的统治已经土崩瓦解，新的中华民国政府刚刚在南京成立。二十三岁的张武龄决定离开"张老圩"，将家从合肥搬到繁华的大上海，感受那里蓬勃的朝气和新时代的气息。他和陆英带着母亲、四个年老的姨娘，几个堂兄弟姐妹，三个小女儿和一大群仆人花了好几个月，完成了耗资巨大的搬迁，从合肥来到上海，租住在上海铁马路途南里石库门一个大宅子内。

三、上海出生后，过继给二祖母

来到上海后，很快，陆英又怀孕了。之前，陆英接连生下三个女儿，在有着根深蒂固的重男轻女和母凭子贵思想的中国传统社会，作为张家嫡系长媳的陆英，感到颇有压力，生到第三个女儿张兆和时，她已经有些失望。所以，这一次怀孕，陆英很期盼能够生下一个儿子。可是当孩子生出来的时候发现又是一个女儿，陆英感到十分沮丧。而这个张家的四女儿就是张充和。

张充和出生后，由于母亲奶水不够，所以常常吃不饱，一到夜里就哭个不停。而母亲陆英本就很沮丧，一看到张充和哭，就整夜地抱着她，也跟着哭。直到张充和出生八个月后的一天，张家的二祖母，即曾祖父张树声的二儿媳妇，从合肥老家来到上海探亲。二祖母看见张充和很可爱，就向陆英开口说想要收养张充和，给自己做个伴。最后，陆英和张武龄爽快地同意了。就这样，八个月大的张充和跟着二祖母一起回到了合肥的"张老圩"。奇怪的是张充和离开上海后，陆英又一连生下了五个儿子。算来，张充和也可谓是一名命里主旺的福星。而张家人也意识到了这一点，所以，一下子，她在张氏家族成了红人。

1914年初，才八个月大的张充和随着二祖母回到了合肥"张老圩"。二祖母作为曾祖父张树声的二儿媳妇，在和丈夫张华轸一起分家时，分得了"张老圩"中的一个大宅院。这个宅院一共由三个大院并排组成，各院间隔，以小路相通，占据了一条街，高高的围墙将它与外界隔开。

二祖母在张氏家族的地位和她的善行让她在合肥当地很有威望。她的名字及法号识修在合肥当地无人不知。合肥的上流乡绅都很尊敬她。识修乃出身安徽第一名门望族李家，她是李鸿章四弟李蕴章的女儿，是秀外慧中的大家闺秀。婚后，受丈夫张华轸的影响，逐渐成为一名佛教徒。后来又因为丈夫、唯一的女儿和唯一的外孙都先后离世，让她进一步皈依佛教。她每天要念一卷经文，心性也变得越来越慈悲。她在合肥当地多多行善，经常出钱捐助当地的赈济活动。

张充和的到来无疑给了二祖母识修的生活带来了极大慰藉。二祖母对张充和就像对自己的亲孙女一样疼爱有加，悉心栽培。她将整个家业都交给管家打理，平日除了虔心礼佛，就是在张充和的教育上下功夫。

四、父母迁居苏州，拓展文人的爱好

1916年，在张充和离开上海两年后，亲祖母在上海病逝。亲祖母病逝后，张武龄和几个姨娘、堂姐弟又再次进行了分家。1917年，分家后的张武龄和陆英带着儿女和家佣们又迁出了上海。

张武龄一家在上海住了五年，由于上海迅速容入大量的外来人口，城市变得越来越繁杂，治安不太好。所以，张武龄和陆英决定将家搬迁至环境优美、文人气息浓厚的苏州。最后，张武龄和陆英在苏州胥门内吉庆街寿宁弄八号，找了一个拥有亭台楼阁的苏州园林三进式大院住了下来。没有了传统保守的母亲和几个姨娘的约束，加上苏州良好的环境使张武龄进一步拓展了他传统文人的爱好。

在苏州，张武龄成了屈指可数的藏书大家。他时常逛苏州的书店，各种版本的古籍和刚出版的现代文书籍他都收集。每次书店一到新书就通知他，而他则经常在书店大采购，让家佣把成捆的书往家里搬。在苏州居住的富人们，像张武龄这样富有、乐于收藏书籍的很少。这体现了真正的书香门第的家风。

在苏州家中，张武龄一共设置了四个书房。他和陆英一人一个，儿女们共用两个。而家里的书籍报刊则到处都是，家人可以随时随地在家里进行阅读。张武龄对知识的兴趣和良好的阅读习惯熏染了整个张家。久而久之，连保姆们也感染了读书气，开始识字和阅读。而整个张家的读书风气，则使得一家人的性格趋于平静宁和。

在广泛阅读的影响下，张武龄思想开阔，甚至相当前卫。他进一步发展了自己各种与时俱进的兴趣爱好。他喜欢当时才传到中国不久的一切新科技玩意儿。他喜欢摄影，为了拍出好照片，买了近二十台各种款式的照相机。他收集了几台留声机和各种音乐、戏曲的唱片，还购置了一台家庭小型电影放映机，甚至还设想创办一家电影公司。

此外，张武龄喜欢上了苏州当地上流社会所钟爱的雅致的传统艺术——昆曲。昆曲是明朝中后期，兴起于苏州附近昆山一带的剧种，它在明朝中后期到清朝前期的四百多年里一直占据着中国戏曲艺术的主导地位，被称为"百戏之祖"。但是，在民国时期昆曲已经是一种日渐衰落的传统演出戏剧。当时更多的是流行大众化口味的京剧，甚至是后来话剧表演和时髦的电影。但是昆曲艺术是一种极富美感的戏剧艺术。它是文学和艺术结合的典范，极其精致典雅。昆曲的剧本由华丽的诗词曲文编写而成，这就要求剧作家要有很高的古文造诣。加上昆曲的谱曲婉转柔和，表演者身段、表情伴随昆曲旋律都显得十分浪漫优美，所以，欣赏昆曲艺术的人，一般都来自受过传统教育，文学和艺术修为较高的中上层社会。昆曲作为传统戏剧，剧本多是才子佳人的故事，情节动人。唱词优美动听，情感也更真实，这是充满才情的创作，而非宣传某种意识形态。所以民国时期还有很多传统文人雅士爱好昆曲艺术。

原本，张武龄和陆英都是戏迷。在上海时，两人就时常带着女儿和保姆去上海戏院的包房看戏。到了苏州后，雅致的昆曲让张武龄着了迷。每逢过年，家里还会请戏班到家里来表演昆曲。张武龄时常研读昆曲曲谱，常带着三个女儿去苏州养由巷的全浙会馆参加曲友们的聚会。此外，他还像一个疯狂的追星族一样，带着女儿坐船观看过苏州昆曲戏团——全福班"跑江湖"式的昆曲表演。

五、开明的家教

张武龄的开明思想也影响了他对子女的教育。他对子女的教育很少表现出严格的成分，相反的，他对子女表现出民主与尊重，任由孩子心性的自由健康发展。他尤其宠爱三个女儿张元和、张允和和张兆和，对三个女儿的培育，他花了很多心思，同时，对三个女儿的兴趣爱好，甚至是后来婚姻的选择，他又都给予了很多民主的意见。

张武龄请了三个私人老师到家里给三个女儿上课。两个男老师分别教授古文和现代白话文。一个女老师教授音乐、舞蹈、体操、算术和自然。古文学习的教材是张武龄和教授古文的老师一起从《文史精华录》《古文观止》等典籍中精心挑选编撰而成的。

每天，张元和、张允和与张兆和要练习写大字和小字，每周则要分别写一篇文言文和白话文。私底下，受母亲陆英的影响，孩子们喜欢阅读明白晓畅、浅显易懂的古典文艺作品，如古典小说《红楼梦》、元杂剧《西厢记》、弹词《天雨花》和《再生缘》等。张武龄和陆英对女儿的学识教育并不严格，女儿们都不觉得读书是一件苦差事，时常是一边学习一边玩耍。此外，张武龄还常带着女儿们一起逛街或者去郊外踏青，十分快乐。

六、创办苏州乐益女中

1919年，中国爆发了一场以学生为主力的五四新文化运动。这场爱国运动让民主、科学与爱国之风传遍全国，很多知识分子接受了洗礼。而张武龄也是在这一时期受五四思潮的影响，将目光转移到了社会教育问题上。他计划在苏州自主办学，用知识和教育改变社会风气，培育新式人才，践行教育救国。没过多久，张武龄开始了周密的办学计划。张武龄四处寻访当时的一些有经验的教育界知名人士，包括蔡元培、马相伯、陶行知、吴研因等。他设想独资创立一套完整的教育体系，即从幼儿园到小学、初中、高中和大学都开办。他先把家里的花厅利用起来，做了很多小桌椅，想开办幼儿园，招收邻居家的小孩。后来又设想创办乐益小学、平林男中、乐益女中，最后办一个"苏州的复旦大学"。但是，因时局原因和种种限制，最后，真正办起来的只有乐益女中。而把乐益女中办成功几乎成了张武龄一生最大也是最后的志向。

1920年春，六岁的张充和第一次回到苏州的家，在三个姐姐眼里，小妹张充和皮肤黑黑的，穿着、打扮都有点土气，说话还带着浓厚的合肥乡音。而三个姐姐则新潮得多。张充和不知道什么是白话文，也没有学过舞蹈、音乐、自然等现代知识。因而，二姐张允和在玩游戏时给她取了一个名字叫"王觉悟"，意在让她觉悟到更多新事物。但是一到比临摹字帖和作古文诗词的时候，三个姐姐都甘拜下风。和几个姐姐待在一起将近一个月后，张充和与二祖母又一起回到了合肥。而来苏州的这次团聚，是张充和第一次，也是最后一次见自己的母亲陆英。1920年底，三十六岁的陆英因感染疾病，于1921年秋逝世。

就在陆英病逝之际，张武龄创办的乐益女中经过两年多的计划和筹备，通过上海和苏州的报纸招生，在苏州憩桥巷开学了。当时张武龄才三十二岁，为创办这所学校，他拿出了祖上留下来的大部分财产。之后不久，张武龄在苏州公园旁边买了二十多亩地，将乐益女中搬到这里，建立了四十多间校舍、一个操场、一个茅草亭、一条走廊，栽种了四十多株梅花树，并购置理化仪器、钢琴、图书、运动器械等教学设备。从学校买地、建设到聘请教员、日常开销，都是张武龄一人出资维持，他拒绝了任何形式的社会赞助和政府支持，坚持独资创立并维持这所学校。《苏州教育志》记载了张武龄办学的历史。为了离乐益女中近一些，张武龄将家从寿宁弄八号搬迁到苏州公园附近的九如巷内。

受五四思潮的影响，张武龄十分关注新时代女子的教育问题，他主张男女平等，女子应该独立自主，不依附于男子，面向社会。乐益女中的课程开设，遵从了北大校长蔡元培"兼容并蓄"的办学思想，既有中国传统文学、历史，更有各种西式教育学科，包括西方文学、数学、英语、生物、体育、美术、舞蹈、家政课等。学校的女生还参加野外郊游、话剧表演、社团活动、运动会和社交活动。张武龄旨在培养德智体美劳全面发展的新时代女性。此外，鉴于苏州当地文人雅士的普遍爱好和张武龄的个人爱好，乐益女中还开设了昆曲选修课。

1921年，张武龄先将三个女儿送进苏州女子职业中学读书，两年后，又将三个女儿接到乐益女中上课。张家的三个女儿在父亲开明、先进的思想引导下，走出深闺，开始追求独立和自主。她们无论是在乐益女中还是后来转到南京念高中，上海念大学，在学校都表现得十分活跃，乐于参加各种文体活动。三姐妹还在家里办起了家庭杂志《水》，并成立"水社"。

"水社"女子社员时常参加女子自行车、游泳、篮球运动，颇为新潮。此外，张武龄还从全福班雇了一名叫尤彩云的老昆曲演员在家中向三个女儿系统传授昆曲艺术。从昆曲剧目《牡丹亭·游园》开始，熟悉剧本、识曲谱、拍曲、唱曲、学习表演的身段，老师手把手地教，将昆曲艺术根植到三个女儿的心中。

七、二祖母的言传身教

与三个姐姐接受的新式教育和苏州昆曲艺术培养不同，张充和在老家合肥，接受了一种跟父亲张武龄的培养方案几乎全然不同的中国传统文化教育。

二祖母识修本是一位有教养的大家闺秀。耳濡目染之下，二祖母的闺秀气质、修养、学识和心智都很好地传承给了张充和。在合肥老家，张充和大部分时间跟祖母封闭在豪门宅院里，过着深居简出的生活，一年仅有几次离开"张老圩"，去大家族串门或者去寺庙拜谒佛祖的机会。

二祖母对张充和的传统教养并非是教其女红或者训读《女诫》，而是按照一个名门闺秀的培养方案在实施。二祖母对张充和是宠爱与严格要求并重的。

首先，二祖母对张充和的行为举止进行了严格的礼制培养。比如，她被教育决不允许在长辈说话时插嘴。言行举止要尽显端庄得体。二祖母习惯每晚八点左右就寝，凌晨三四点起床，梳洗完毕后到家里的小佛堂修炼佛经。张充和的卧室就在二祖母卧室的后面，她和奶妈钟妈睡在一起，钟妈负责照顾张充和的起居。受二祖母作息的影响，张充和从小就养成了凌晨四五点钟起床，晚上八点前就寝的习惯。这种传统的作息时间，张充和保持了一生。

出身名门的二祖母有着丰富的学养，她每天凌晨念完佛经后，都要诵读诗赋古文，这是她打发时间和寄托精神的一种雅趣。张充和刚刚会说话，二祖母就开始教张充和认字。三岁开始，张充和跟着二祖母读诗、背诗，甚至还要尝试给二祖母讲解诗意。不到六岁，张充和就能完整背诵《三字经》和《千字文》。每天早上七点后，念完经书的二祖母会带着张充和到院子里的小花园中散步，交流学习心得和体会。散步完后，她们一起吃早餐。二祖母坐在大桌子前吃素，而张充和则坐在一旁的小桌子前吃荤菜。二祖母虽然信仰佛教，是一个素食主义者，却从来不让长身体时期的张充和跟着她吃素和信佛。但是，受二祖母信仰佛教的影响，张充和每年要随二祖母一起去几次寺庙，这让张充和小时候的生活充满了禅意，她会背大悲咒、往生咒、心经之类的短经咒，被许多出家人误认为是佛门小弟子。

由于她在襁褓中便来到二祖母身边，所以，对小小的张充和来说，二祖母的一言一行都感染着她。二祖母既是张充和的祖母又是她的"母亲"，还是她的启蒙老师。在懂事以前，她一直认为自己就是二祖母生的。

八、勤学传统文化十余载——大家闺秀的传统学养

张充和六岁之后，二祖母开始请老师到家里来给她上课。每天早上吃过早餐后，到早上八点，充和到书房，开始上课。张充和在书房里从早上八点一直学习到下午五点。中间只有一个小时的午饭与午休时间。除了重大的节假日外，平日里，每十天只有半天休息时间。张充和从六岁开始这样学习，一直到十六岁时二祖母去世，她离开合肥，这样的学习生活持续了近十年，就像古代中国文人十年寒窗苦读一样。在封建大家族里，对女性的这种培养方式也是极少有的。可见二祖母是把张充和当作男孙一样看待的。

二祖母对张充和学识的教育是严格的。她聘请了几位精深国学的老师到家里来给张充和上课。虽然，二祖母从不干涉老师的教学，但是她会时常通过对张充和的考问来观察她掌握知识的进度。二祖母经常要求张充和背一段古文名篇或者讲一个历史故事来考察她的学习情况。她还翻看张充和的作业本，审查老师的作业批改情况和对作业的评语，以此来判断老师的教学态度和能力。她一旦发现教书先生不适合张充和，就会立马辞退。

而张充和学习的国学教材主要是儒家经典、史学名著以及中国古典文学。比如《诗经》《论语》《中庸》《孟子》《春秋》《史记》《汉书》《左传》及唐诗、宋词、元曲等。

十岁以前，老师很少为张充和讲解文章的大意，只要求张充和背下来。老师认为，随着年龄的增长，思维越来越成熟，这些文章的大意会自然明了起来，要用的时候，脑海里也能自然浮现出来。所以，对于这些难懂的古文，张充和的学习方法是先阅读，在熟读的基础上再背诵，其他的什么也不去想。

在这些国学老师中，授课时间最长的，对张充和影响最大的要数从山东博物馆请回来的精于楚器研究的著名考古学家朱谟钦。朱谟钦是书画大家吴昌硕的徒弟，国学底子相当深厚。二祖母给朱老师开出了一年三百银圆的高薪。这份薪酬足以养活朱先生全家。所以，朱谟钦索性就把全家从山东搬到了合肥张宅的隔壁，专心给张充和当家庭教师。

朱谟钦教张充和古文和书法，从张充和九岁一直教到十六岁。朱谟钦教张充和古文，先从给文章断句开始。朱老师第一堂课就把没有断句的一篇古文《项羽本纪》拿给张充和阅读。张充和要自己去标注标点符号，进行断句，而朱老师也跟其他国学老师一样，很少会讲解文章的意思，只纠正张充和的断句是否正确。因为张充和的断句对了，也就意味着她自己读懂文章大意了。朱谟钦遵循一个阅读古文的原理"书读千遍，其意自现；点断句读，其意自明"。他还为张充和自编了一些教材，比如一本同音异义的字典，让张充和理解不同字的意思。此外，朱谟钦还教张充和书法。他曾把刚出土的《颜勤礼碑》的碑文拓片，未经裱托，直接一条条剪出来给充和做字帖临摹。在朱谟钦的影响下，张充和博览群书、勤学练字，她还在朱谟钦的引导下，开始收藏练字的古墨。

随着国学底蕴的增长，张充和也进行文学创作，对对联、写古诗文等。而老师们往往对张充和写的诗文，只作修改，不作评判。此外，她还经常在二楼的藏书阁进行阅读。在藏书阁，张充和读了很多明清时期的传奇剧本和小说。

可以说，张充和接受的几乎是一种古代文人的系统学习模式。这些高强度学识训练，让她具备了扎实的国学功底，同时也养成了她严谨治学的习气。她每天花很多时间学习，没有其他让她分心的事。她在学习中养成了沉思默想，也形成了她兰心蕙质的气质和独修其身的生活习惯，也使她自童年起便走进了中国传统文化的世界。

在这些古籍的阅读与理解中，她也学习体会到了中国古代士大夫的人生观、价值观，逐渐形成了一种与他们一样，充溢着儒、道、佛三教合一的人生哲学境界。这种传统的私塾教育培养一直持续到张充和十六岁，使年少的她与同龄的其他女孩相比更聪慧乖巧、懂事明理。

但是，在合肥的张家宅院，张充和几乎过着一种"与世隔绝"的闺阁生活。1927年春季的一天，合肥上空出现了飞机轰炸。那是北伐战争后期，蒋介石率领的国民革命军正在与安徽等地的军阀势力作战。张充和竟然不知道什么是飞机，什么是炸弹，还以为天上飞的是大老鹰，大老鹰会下奇怪的蛋。

张充和生活在这样的深宅大院，习惯了独处，但是也会感到孤独，她甚至有时会对着高墙里的裂缝说话，以发泄心中的烦闷。跟几个姐姐在苏州张家愉快轻松、无压力的学习状态不一样，张充和虽然也沉迷在古典文学的世界中，但是或多或少还是觉得读书是一件乏味的事。正如后来她在文章《墙缝》中所说"读书时，若对着净几明窗，没有谁来吵闹，也没有杂念在心头，让书中事如同自己的事，让书中的人如自己的人或竟是自己，这是最快乐的刹那。不过在一个不满十岁的孩子，她对于书的了解，即使是极聪明，即使识得不少字，究竟对于人事，也许连自己的事都弄不清楚，硬要她去读大人所读的书，硬要她了解大人们所要了解的事，这书本中的事物与人物都同孩子隔一层，于是书给孩子的印象就不会好了。"

1927年，十四岁的张充和随二祖母一起回苏州九如巷探亲。这是张充和第二次回苏州张家。而此时，她的母亲陆英已经去世七年，父亲已娶继母韦均一，并生下小六弟。大概陆英去世一年后，张武龄娶了第二任妻子韦均一。韦均一比张武龄小十岁，她和张武龄一起打理起乐益女中，并且后来担任乐益女中校长。

张充和与姐弟们在一起待了将近一个月，又随二祖母返回合肥。临行前夜，三个姐姐为她举行了诗酒饯别会。这时张充和第一次对苏州张家有了一种难舍的感觉。她在诗酒会上写下一首诗："黄叶乱飞狂，离人泪百行。今朝同此地，明日各他方。默默难开口，依依欲断肠。一江东逝水，不作洗愁肠。"

两年后，1930年春，张充和十六岁，七十岁的二祖母病逝。她披麻戴孝，被装扮成男孩儿的模样，以二祖母孙子的身份参加葬礼，并被告知按照规矩，在正式的葬礼前不能哭泣，以免家人乱了分寸。在送葬路上，张充和抱着二祖母的牌位坐在轿子里，看着二祖母下葬。回家后，由于压抑情感太久，精神缓解过来的她一下子晕过去，大病了一场。

就这样，继母亲陆英离世之后，陪伴张充和成长的最亲近的二祖母也离开了她。二祖母生前给了张充和最优秀的传统教养，使她小小年纪，学养深厚，博学多才。她死后也给张充和留下了大量的遗产（田产），以便自己的这个养孙女在长大以后嫁人，能够有足够的嫁妆和底气。而这些田产凭证也是张充和无忧无虑生活的希望。

九、回到苏州张家，感受时代变化

二祖母过世半年后，张充和被父亲张武龄接回了苏州。在离开合肥之前，她与张宅的书房、花园、祖母烧纸的炉亭、书楼、祠堂、宅里的老树……依依惜别。或许张充和并没有想到，她这一次离开生活十六年的合肥，就再也没有回来过。

被父亲接回九如巷张家后，张充和几乎是一个人孤独地住在楼上。这时，她的母亲陆英已经逝世九年。大姐张元和已经前往江苏南部的海门茅镇县立女中任教务主任去了。二姐张允和与三姐张兆和也都在南京和上海念寄宿学校，平日不在家中。家里除了父亲张武龄，就只有六个弟弟和继母韦均一。

与姐姐们相比，张充和受到的传统教育甚多，拥有扎实的国学功底，但是姐姐们则更加时尚、前卫，而生活在封闭的合肥大院的张充和相对而言，没有跟上时代的潮流。她回到苏州后，虽然父亲张武龄的教育是自由宽松的，她能拥有开放的环境和行动上的自由，但是习惯独处的她，还是感觉不太适应，表现出隐忍自制的一面，她没有快速融入新生活，而是显得有些"格格不入"，她依然喜欢独处，很少结交朋友。

回到苏州后不久，张充和被父亲张武龄安排在乐益女中初一年级上课。从私塾家教走向新式学校学习的张充和很不习惯学校的群居生活，也不喜欢学校开设的课程。学校的传统文学和历史课程她已经在合肥老家学过了，而新设的数学、生物、体育、英语、政治等科目她又都非常排斥。她跟其他女生不一样，她不喜欢参与外界活动，不关心时事政治，不爱热闹显摆，不喜欢处理复杂的人情世故。她喜欢享受不被人打扰的生活，能够随心所欲，与世无争地做自己想做的事。她只酷爱中国传统文学艺术。

但是，在苏州生活一段时间后，她性格中的另一面又一下子迸发出来了。也许是在合肥老家闭门多年，自制、压抑得太久；也许是父亲这种民主自由的教育方式释放了她的个性；也许更多的是受三个活跃的姐姐们的影响，心气儿甚高的张充和在文静淑雅之外，又显现出纯真可爱、活泼好动、诙谐机智的一面。渐渐地，她也学习新时代的女生们剪了短发，加入姐姐们创办的水社，学习骑马、骑自行车和游泳。

有一次，张充和办理东吴大学游泳馆的游泳许可证，需要一张两寸的半身照。张充和专门跑到照相馆去照了一张稀奇古怪的半身照贴在游泳证上。照片上，张充和侧身歪头，戴一副眼镜，挤眉弄眼，故作调皮，让游泳馆办证人员看了瞠目结舌。她还振振有词地解释："你不是要两寸半身照吗？这是两寸的半身照啊！"

十、结缘昆曲

最开始，张充和在乐益女中跟几个同学一起上了昆曲选修课，哪知,她在这一时期疯狂地迷恋上了这一古典优美的传统艺术。她满身的传统文学底蕴和闺秀气质,在昆曲中找到了很好的施展空间。她接触昆曲的时间虽然比三个姐姐晚了将近十年,但是她对昆曲的痴迷与精专程度却渐渐地超越了三个姐姐。

张充和跟姐姐们不一样,她不是通过专业老师的教授进入昆曲世界。她在合肥院子里学习时就已经在二祖母的藏书楼里看过那些知名的昆曲剧本了。因为昆曲唱词和剧本大多来自明清时期的戏剧。那些才子佳人的爱情故事,比如《桃花扇》《牡丹亭》等,早就让她为之入迷,回苏州之后,张武龄带张充和去听昆曲,她才惊奇地发现,昆曲演出的场景,那些人物的对白、唱词都是她在戏剧里见过的。就这样,"这种熟悉的、似曾相识的感觉引我入了昆曲的门"。

父亲张武龄看学校的昆曲课张充和吃不饱了,就专门从上海聘请了当时唱昆曲的名角沈传芷和有"江南笛王"之称的李荣忻来家里给张充和上课,教张充和昆曲唱腔和身段表演以及学习吹笛配乐。就这样,她沉迷于昆曲曼妙的世界,花了大量的时间和心思去钻研。同样喜爱昆曲的继母韦均一也跟着张充和一起学习昆曲。韦均一在张家后母难当,她并没有得到这个大家族成员的普遍认可和喜爱。但是,张充和却与这位继母十分要好,因为两个人的性格都比较独立,又都喜欢传统文化艺术。韦均一也是一名才女,她喜欢国画和昆曲,在上海美术专科学校学国画,而张充和也喜欢昆曲和书法,两人因爱好相同而成为好友。

张充和就此一头扎进昆曲里,无法自拔,这种如痴如狂的迷恋持续了一生。1931年9月,张充和与继母韦均一、大姐张元和一起加入了苏州的一个专为苏州中上流社会的名媛淑女创办的幔亭曲社。(当时,苏州、上海一带有很多上流社会的名媛淑女都是昆曲艺术爱好者，并且都请了如吴梅、顾公可、樊少云等昆曲名家当私人老师。所以，由这几位老师发起，为她们成立了一个昆曲社团——幔亭曲社。）这个曲社的成员经常在各家轮流组织召开曲会唱曲，也经常到苏州著名的古典园林拙政园里唱昆曲。

张充和跟姐姐们不一样，姐姐们都爱昆曲表演，喜欢参加登台演出。虽然张充和也很有表演的天赋，但是性格使然，她却不爱登台献众。每次出众演出，她都非常紧张，演出完，感觉像害了一场大病一样。她更多的是喜欢私底下参加曲会，唱唱清曲，小团体自娱自乐。

十一、考取北大

1933年四月底，二姐张允和与后来著名的语言学家周有光在上海结婚。在婚礼上，张充和登台献唱昆曲《佳期》，以示祝福。半年后，三姐张兆和与当时著名小说家、自己的国文老师沈从文在北平结婚。张充和前去北平参加了三姐的婚礼。随后，张充和便决定留在北平了，因为当时亲朋好友都劝她报考北大中文系。

当时的北大中文系可谓人才济济，大师云集。中文系主任是文学史上首位提倡白话文的胡适，教授有讲授中国通史而自学成才的儒学大师钱穆、娟狂的国学校勘专家刘文典、语言学专家罗常培、古文字学家唐兰等，可谓旧文学、新文学兼容并蓄。所以，张充和寄居在三姐张兆和与三姐夫沈从文北平的家中复习备考，并在北大中文系当起了旁听生。与此同时，在清华大学念历史系的大弟张宗和托在宁夏当中学校长的朋友帮张充和弄到了一张中学文凭，然后张充和以"张旋"之名报考了北大。

当时考北大需要考国文、史地、数学和英文。从小接受中国传统教育的她，看不懂数学，连加减乘除都不会，就索性不学了。而当时入北大必须考数学。考数学时，她一道题也没做，交了白卷，所以数学考试成绩得了零分。但是，张充和的国文却得了满分。

按照校方规定，考试科目中，只要一科考零分就不能被录取。这就使得当时的北大中文系就是否可以录取张充和引起了很大争议。最后，还是北大中文系主任胡适出面帮忙，一来是因为张充和的中文，尤其是古文确实相当优秀。另外，胡适又和张充和的三姐夫沈从文是好友。所以，在胡适的调解下，北大试务委员会在一番争论之后，破格录取了张充和。当时，北京报纸还在新闻栏报道了此事。不过，报纸上说的该生名为张旋，却不知就是张充和。张充和以假名参考，一来是怕用真名考不上，给张家丢脸；二是不想给三姐夫沈从文添麻烦。

1934年，进入北大中文系后，张充和开始了她两年的大学生活。她搬进了自己在北大的宿舍，每天骑着自行车穿梭在校园中。因为经常戴着一顶红色的帽子，所以大家给她取了"小红帽"的绰号。为了排解一个人在校园生活的孤寂，张充和养了一只可爱的小狗。在北平，她的性格变得越来越自信随和。她的穿衣搭配也越来越时尚、雅致，她还学会了化妆。

可以说，张充和在大学里并没有好好地利用这段时间认真学习这些文学大师的教学内容，因为传统文学她基本上都已经在合肥老家学过了，而对于新文化运动的新文学，比如当时流行的白话诗歌、小说等她又没有多大兴趣。所以，她的成绩在大学里并不拔尖。她反而是花了更多的时间去钻研昆曲。

她从大弟张宗和那里得知清华大学有一名老师开设了昆曲选修课，就每周前去旁听。后来，清华大学的新文学教授、红学专家俞平伯爱好昆曲，在清华园组建了谷音曲会。张充和又经常参加该曲社的活动。她还经常约一帮朋友前去北平吉祥戏院或和楼戏院观看昆曲戏班的演出。此外，一到暑假，张充和就跟张宗和一起跑到师傅沈传芷所在的青岛曲社去参加那里的昆曲活动了。大学时代的张充和，因为痴迷昆曲和生活环境的改变，人变得越来越活泼、开放、独立和富有主见。

十二、休学回家——担任编辑，演出昆曲

1936年初，念大学三年级的张充和，在一次骑自行车时，不小心摔伤了腿，前往医院检查却无意中查出患上了当时很难治愈的肺结核病。这使她被迫中止在北大的学业。父亲张武龄派当时在海门教书的大姐张元和前往北平把张充和接回家中。此后，张元和便留在家里照顾生病的张充和，这一时期，两姐妹的感情与日俱增。张充和和大姐张元和在家里专心研习昆曲，经常在家里举办曲会。张充和也经常去朋友家参加曲会，有时，要深夜一两点钟才回家。张充和认为昆曲对她的病有奇特的治疗效果。

1936年4月，康复后的张充和经胡适推荐，到南京《中央日报》的副刊《贡献》当编辑。在《贡献》专栏上，张充和以充和、张旋、季旋、真如等笔名写下了四十多篇记事性白话短文。与此同时，张充和还加入了南京的一个昆曲社团。该曲社成员包括民国政府高官、大商人、文学家、大学教授、作曲家等诸多社会名流。她也借这个曲社第一次正式登台唱昆曲，在上海兰馨大戏院唱《牡丹亭》中《游园惊梦》一出，张充和演唱剧中旦角杜丽娘。经过长期的专研与专业训练，此时的张充和，昆曲演唱已经从业余水平向专业化发展。她开始

第一章 兰心蕙质的民国才女——张充和

20世纪30年代初在北平倩影

端坐云龙庵佛堂前的书案旁，一派大家闺秀的气质。

张充和与卞之琳

在昆曲经典桥段《刺虎》中扮相典雅靓丽

昆曲扮相

恩师沈尹默，一代书法大家

有了自己对昆曲的独到见解。

张充和认为好的昆曲演员一定要在演出某个昆曲人物时忘却自我，全身心投入该人物中，品味其性情、动作和神态。在昆曲的舞台上最难的演绎技巧就是将没有演出来给观众看的东西展露在观众的面前，传达到观众的心中，让观众有心灵上对人物的共鸣。这就要求优秀的昆曲演员必须做到可以演出来却不演，"无声胜有声"，这是一种不表达完满，留有余地，更耐人寻味的境界。

此外，她认为一个好的昆曲演员在舞台上要完全自制。不该将本人的情感带到舞台上。完美的演出，要忽略自身，完全入戏，否则，"感情的牵扯会毁了艺术"。张充和认为要是对昆曲艺术足够深爱，就绝不会爱上昆曲演员，以破坏昆曲的艺术性。正是为了表达对昆曲艺术的热爱与尊重，张充和决心不爱上任何昆曲演员。

在那个新旧交流与碰撞的年代，听昆曲、京剧的名流依然很多，而新的话剧舞台表演形式和电影艺术又不断地冲击着这些传统艺术。但是，在那些保持着传统品味的文人雅士们心中，昆曲依然占据着心灵的重要位置。张充和是在越来越频繁地参加曲社活动中，意识到原来爱好昆曲的曲人大多是喜爱传统诗词书画的文士，而她本人是热爱传统诗词书画艺术的。所以，她拿出两个小册子，一个用做收集这些曲社活动中相识的曲人的书画作品，一个用作签名册。

但是，1937年7月7日，日本侵略者制造了卢沟桥事变，抗日战争全面爆发。战争的到来打乱了张充和平静舒缓的人生轨迹。

1937年8月，趁日军向南京发动进攻前，张充和被迫辞去编辑职务，返回苏州。在日本占领苏州前，张武龄与韦均一决定关掉乐益女中，返回合肥老家。这所一共经营了十六年的女校，总共合计花了张武龄二十五万银圆，可以说每年学校都在亏损中度过。这十六年培养的毕业生不到三百人。张武龄希望通过办学的方式,改变苏州中上层女子的生活状态,以至达到改变传统社会风气的目的,实在是有点文人气的理想主义。但是,我们不得不重视一点,那就是乐益女中对中国共产党的发展,起到了客观的推动作用。张充和的继母韦均一就是中共早期一名优秀的党员。苏州的第一个中共党支部,就是在乐益女中秘密建立起来的。早期共产党人侯绍裘、张闻天、萧楚女等人都曾在这里一边任教,一边从事地下革命活动,而受父亲张武龄办学的影响,张家的十个姊妹长大后都或多或少从事过教育工作。

十三、避难成都,以曲会友

父亲张武龄和继母韦均一一起回老家后不久,张家姐弟们又流亡各地。张充和先是跟四弟张宇和一起离开苏州,到成都去找二姐张允和,当时张允和在成都光华中学任教历史。赶到成都后,张充和和四弟张宇和居住在湖广会馆。那时,成都居住了许多文艺界名人。张充和常跟二姐张允和一起参加成都当地的曲会,这期间她结识了一些政界和文艺界的曲人朋友,其中最值得一提的是国画大师张大千。有一次张大千在家里办聚会,张充和也被邀请赴宴。在张大千家中,著名舞蹈家戴爱莲跳了一段舞,张充和唱了一段昆曲《思凡》。张大千对张充和的演唱很是着迷,故即兴创作了两幅国画赠送给张充和以示回馈。这两幅国画,一幅画是想象张充和演出时的背影,一幅则以水仙意象画张充和的表演身段。

张充和在成都期间,依然钻研在昆曲中,并结识了很多新朋友,生活恬然自适。但是不久后,从合肥老家传来噩耗,1938年秋,张武龄在合肥老家突发疾病逝世。这让张充和悲痛不已。在人生旅途上,是父亲带她进入了昆曲的曼妙世界，是父亲给了她最后的一点依赖和安全感。

父亲去世后，二姐张允和给此时还独自留在苏州的大姐张元和写信，让她也来成都，和弟妹们在一起。可张元和回信说："是来四川还是去上海一时决定不了，因为上海有个人对我很好，我也对他很好，但这件事（结婚）是不大可能的事。"张元和说的那个他，正是当时上海有名的昆曲小生顾传玠。在当时的中国社会，一个科班出身的昆曲演员，昆曲唱得再好，作为伶人，他的社会地位依然是很低的。要让社会舆论接受一个名门闺秀、女大学生与一个地位低微的昆曲演员结婚是很难的。这让张元和承受了很大的精神压力。但是，由于父亲已经去世，对待婚姻问题，张家姐妹已能自己做主。更何况，父亲张武龄在世时，本就主张女儿们自由恋爱，从不干涉女儿的婚姻。所以，性格果敢的二姐张允和马上回信"此人是不是一介之玉？如是，嫁也！"张元和收到二妹张允和的来信后，很快去了上海。1939年，已是三十岁的张元和嫁给了顾传玠，当时上海某报还以"张元和下嫁顾传玠"为题，炒作了一番。

此时，张家四姐妹中，就只有小妹张充和还是孑然一身了。而此时的张充和已经是二十六岁的芳龄。其实，张充和气质端庄、婉约脱俗，无论是在北平上大学时，还是在苏州唱昆曲时，都不乏追求者。抗战期间，西南地区更是人才云集，学士如流。在战争之下，名流的社会生活显得无所事事，更多学士将目光转移到自己的兴趣爱好，寄情于艺术追求之间。张充和通过参加曲会，广结师友，人缘颇佳。在西南流寓的张充和，显示出魏晋文士那种坦荡辽阔的心胸。她还经常跟一些师友出去玩耍，唱酬小酌。但是，张充和始终没有谈婚论嫁。张充和晚年说，她的一生，从来没有遇到过所谓轰轰烈烈的爱情。或许正是昆曲里才子佳人的爱情故事太过完美，所以人世间才难求得这样的理想境界。正所谓理想太丰满，现实太骨感。张充和在昆曲中经常扮演旦角，这也算弥补了她戏外人生的爱情缺失。张充和也可以说在昆曲表演中找到情感和心灵的慰藉，借角色演绎生活中难以寻得的美好爱情。几个姐姐都在父母去世后，接受了自由恋爱的新式婚姻。而性格古典雅致、饱读诗书的张充和在没有了媒妁之言的婚姻问题上，却很难找到与她具有相同品味和格调的适龄伴侣。

在那些一起诗文唱和的师友中，也有一些人追求过她，但是在喜欢她的人当中，又唯有诗人卞之琳最长情，最执着。他从1933年张充和在北平读大学开始，在沈从文家认识了张充和，此后一共写了百余封诗信给张充和，两人也经常一起结伴游玩。可是卞之琳最终还是没能打动张充和的芳心，加上卞之琳的追求太过矜持，最终两个人没能走在一起。其实，张充和表面看上去是一个柔弱乖巧的名门闺秀，内心却是个拥有古代士大夫般心高气傲的心性的女性。她认为卞之琳是个好人，但是爱卖弄，写的现代诗歌也"缺乏深度"。不过，在卞之琳的诗集中，名诗《断章》正是写给张充和的，"你站在桥上看风景，看风景的人在楼上看你，明月装饰了你的窗子，你装饰了别人的梦。"

十四、前往云南，与文人骚客的交往

1938年底，张充和离开成都，前往云南昆明。在云南昆明西南联合大学任教的三姐夫沈从文请西南联大的秘书长，也是自己的老朋友杨振声帮忙，在教育部给张充和谋了一份差事。她在教育部下属教科书编选委员会，给高中的语文教科书编选文章。

张充和到了昆明后，寄居在西南联大的三姐张兆和家中。在教材编选委员会，沈从文负责编选小说，朱自清负责编选散文，张充和则负责编选古典诗词。张充和感叹自己还是在中学上现代国文课时，学习过朱自清的名散文《背影》，没想到竟成了同事。

张充和在西南联大住了一年，和这里的师生们成了朋友。她经常教联大的师生们唱昆曲，还一起创办了一个小型的曲会。但是，在云南，由于找不到好的配戏演员，所以，张充和很少登台演出，大部分时间是在曲会中清唱。

一年后，教育部取消了教材编选的项目。此时，日军在昆明城区的轰炸加剧，张充和又跟随三姐张兆和一家，与西南联大的一些教授一起搬到了昆明附近的小乡镇呈贡。沈从文花了二十多块钱把一个叫云龙庵的尼姑庵租了下来。张兆和和沈从文一家住在前楼，张充和住在二楼整个房子最后面的一个僻静的小佛堂里。佛堂里供着如来、观世音、孔子、耶稣等各类神像。张充和也能泰然地和这些神像住在一起。西南联大秘书长杨振声一家和中国民乐大师杨荫浏住在旁楼。后来，联大的几个教授也陆续搬到附近。

在呈贡，文教界朋友们吃和住都在一起，其乐融融。而张充和虽然失去了工作，但是她靠二祖母留下的田产收入，是足以自给自足的。

因为没有家庭的负担，所以张充和的生活轻松自在。她雇了一个当地的苗家女孩帮她洗衣、做饭和打扫，平日里，她会花更多的时间练习书法和钻研昆曲。她找来四个油桶，放上一块长木板，做成了书桌。朋友们常来她这里写字，因为张充和总是随身带着上好的笔墨砚台。即便在避难岁月，手头再拮据，她对书法的爱好和投资永远不变。朋友们常来写字，她就索性准备了一幅长卷，让朋友们在上面题字作画。张充和还给它取了一个名字，叫《云庵集》。西南联大的师生们组成的小型昆曲社也经常到呈贡镇来聚会。张充和经常出钱请朋友们吃喝。而很多文教界朋友比如金岳霖、陈寅恪、冰心夫妇、卞之琳等也时常来玩。张充和的住处成了昆曲爱好者和书法爱好者喜欢的沙龙。

十五、任职于重庆教育部音乐委员会

1940年底，由于日寇对云南的轰炸加剧，教育部决定从昆明搬迁至陪都重庆。在昆明待了两年的张充和，又随教育部一起前往重庆。而此时，西南联大还是留在昆明，所以张充和与三姐张兆和一家分开了。

来到重庆后，张充和被安置在重庆青木关的教育部音乐委员会。时任重庆中央信托局局长的老曲家项馨吾牵头在重庆组织了一个昆曲社。一些爱好昆曲的政府官员和文化界人士都纷纷加入，一位经营纺织业的老板出资赞助这些名流的昆曲活动，并且在公司提供了曲社活动场所，对昆曲颇有造诣的张充和更是曲社的台柱子。

当时重庆的文化活动很丰富，张充和每两个星期坐车到城里去该曲社参加活动，包括演出和排练。

重庆北碚师范大学的校长马客谈也是该昆曲社成员，所以张充和又被马校长请到北碚师范大学音乐系去开设了昆曲选修课，主教旦角戏。由于张充和对昆曲的痴迷，所以她每两周会赶去北碚师范大学上一次课，而且是不拿工资的义务劳动。当时，北碚师范大学音乐系的负责人正是张充和的好友、中国民乐大师杨荫浏，他又是专门负责重庆曲社奏乐的。他和一个音乐系的学生一起把张充和唱的十个旦角戏的工尺谱翻译成五线谱，印制成册，给音乐系做教材使用。有时，曲社需要出昆曲，张充和也会带几个音乐系学生前去配戏。

唱昆曲，张充和还是在重庆期间唱得最多。她在重庆北碚师范大学里教授学生昆曲，又经常在城里参加曲会，登台献唱，甚至还在劳军演出。唱得最多的是《游园惊梦》《刺虎》《思凡》《断桥》等昆曲名段。其中，《刺虎》因为是武戏，所以在重庆时唱得最多。跟她配戏的多是教育部的官员和同事，与她演对手戏最多的还是曲社的领头人项馨吾，他俩经常在演出时分别饰演生、旦两角。

在重庆工作，她结识了很多朋友，而且往往是年龄比她大很多的中年男性，包括政府官员、作家、学者、书法家、音乐家等。他们有个共同的特点是喜欢中国传统艺术昆曲，很多人都是在参加昆曲活动中结识的。张充和在台上演出，这些喜欢昆曲的名流学者在台下观赏，很是动容。

1941年，张充和在重庆国泰戏院登台演出她最拿手的昆曲《牡丹亭》中的《游园惊梦》一段，她演唱杜丽娘一角，当时的山城文化界为之轰动。很多在场观戏的政界名流、学者写诗唱和。以文人儒雅的赠诗方式，来表达对张充和昆曲演出的赞赏与喜爱。当时，传统文人学士之间的结识，都是通过文雅的方式进行的。在这些向张充和写诗唱和的名流中，最值得一提的是与张充和成为忘年交的书法大师沈尹默。这位大师当时已是六十多岁的年龄，在国民政府监察院任职。而二十多岁的张充和与他一样，具有饱学之士的文人气质，二人成就了一段亦师亦友的曲艺佳话。

延伸阅读：
鲍老参军发浩歌，
绿腰长袖舞婆娑。
场头第一无侪事，

龙套生涯本色多。
——曲家卢前为张充和题词

娇慵醉美。若不胜情，难可比拟。
——作家汪曾祺评价张充和的昆曲演出

十六、向沈尹默学习书法

沈尹默是当时中国书法界的一代宗师，与于右任享誉民国书法界，并称"南沈北于"。张充和学书法多年，久仰其名，岂知沈尹默主动写诗与其结交。有幸结识大师，张充和立马想到拜沈尹默为师，学习书法。但是沈尹默表示他不会给别人教书法课，要是张充和喜欢，可以到他家里来看他写字，也可以将自己写的字拿给他指点。就这样，张充和不拒路途遥远，前往沈尹默家中做客，讨教书法。

张充和第一次去歌乐山沈尹默家中拜访时，沈尹默一开始很客气地称呼张充和为"充和女史"，并让张充和写几个字看看。写完后，沈尹默只说了一句"明人学晋人书"，就没有再评论什么。而张充和诚惶诚恐，不知大师是褒是贬。沈尹默给张充和推荐了许多字帖，让张充和回家临摹。

沈尹默认为：中国的汉字，一笔一画，整个构架造形，基本都是来自大自然中的具体事物。那么汉字理应在字中体现出自然界中该事物的形态来。这样的字才生动有神。沈尹默称汉字"虽然字的造形是在纸上的，但是它的神情意趣，却与纸墨以外的，自然环境中的一切动态有自相契合之处"。而要想自己写的字展现出自然界中它的真实形态，就必须先勤奋地临摹别人写的字，刻苦钻研。等到哪一天练到心中无笔，忘记在写字这回事，才能心手合一地传达你领悟到的大自然之真谛，将自然的奥妙体现在你写的字中。沈尹默每天清晨起来写字，最初临摹汉碑字体。一次写一百张，如是不间断练习了两年多。

延伸阅读：

尹师给我开了一份应临的碑帖，除汉碑外都是隋唐法度严谨的法书，针对我下笔无法。及至见到我的小楷，马上借给我《元公姬氏墓志》，有针对我小楷松懈无体的毛病。他从不指出这一笔不好，那一字不对，只介绍我看什么帖，临什么碑。也从不叫我临二王，亦不说原委，及至读到他写的《二王法书管窥》才知二王不是轻而易学的。

——张充和《从沈先生洗砚说起》

此后，每隔几个月，张充和会从北碚青木关坐一个小时的汽车，来到歌乐山，观摩沈尹默写字。沈尹默一般早上会花几个小时临摹写字，然后再帮别人写字。沈尹默写字是用一张小桌子，而张充和每次前去都是站在旁边，一边看沈尹默写字，一边为他拉纸。相处时间久了，沈尹默开始改口称充和为"充和女弟"。而张充和则始终把沈尹默当成非常敬重的恩师。

沈尹默告诉张充和，练就书法的基础是执笔一定要稳，用力要"指实掌虚"，肘腕悬空，用臂力来写字。这样，写起字来才会得心应手，不会感觉到手臂酸痛。沈尹默的这些书法心得给了张充和很大启发，使她受益良多。在沈尹默的亲身垂范下，张充和见贤思齐，也开始学习沈尹默，每天清晨起来临摹几个小时字帖，如是从不间断。连在飞机轰炸，跑防空洞的空闲时间，她也要练习不费时费墨的小楷字，这种习惯一直延续。

张充和在重庆跟着沈尹默先生学书法，一共学了五年。由于日寇轰炸重庆频繁，加上北碚离歌乐山路程较远，她只能隔几个月才去沈尹默家拜访一次，这样算下来，五年，一共去过沈家十几次。但是沈尹默每次都会告诉她应该写什么字帖，更多的是沈尹默的言传身教让张充和把练就书法的眼界放宽了。

除交流书法之外，沈尹默还写了一些诗送给张充和，张充和也会把自己写的一些古诗拿给沈尹默作点评。在五四运动后，文学界兴起了写白话诗文的潮流，但是，在提倡白话文之初，还是有不少学者认为它不如文言文深奥。深受传统文化熏陶的张充和，仍旧喜欢作古体诗词。在重庆时，她写出了不少佳作。其中有两首以"桃花鱼"为名的诗词，更是佳作。

《桃花鱼》一
记取武陵溪畔路，春风何限根芽。人间装点自由他，愿为波底蝶，随意到天涯。
描就春痕无著处，最怜泡影身家。试将飞盖约花，轻绡都是泪，和雾落平沙。

《桃花鱼》二
散尽悬珠千点泪，恍如梦印平沙。轻裾不碍夕阳斜，相逢仍薄影，灿灿映飞霞。
海上风光输海底，此心浩荡无涯。肯将雾縠拽萍芽，最难沧海意，递与路旁花。

十七、到礼乐馆编选乐章

1943年，张充和又被教育部选调到北碚刚刚成立的礼乐馆，从事古典音乐和昆曲曲谱的研究和整理工作。1939年11月，国民政府在孙中山诞辰纪念会上奏哀乐，蒋介石听了觉得不对，他认为一个人去世了三年之后就不应该再奏哀乐了。蒋介石批评了政府官员。一个国家连礼乐都不通，简直是闹笑话，所以他下令教育部召集一批精通礼乐的专家，成立专门的礼乐馆，制定民国礼乐制度。

北碚礼乐馆分成礼和乐两个组，乐组的负责人是杨荫浏。主要负责包括昆曲在内的中国古典音乐，弘扬传统国乐。张充和被编入乐组，主要的职责是从春秋时期的《乐志》中挑选一些诗词，再找作曲家谱上曲，供国家在大典或在外交场合中使用。张充和一共整理了二十四篇用于奏乐的诗文，亲自用毛笔抄录，首次向世人展示了她的书法艺术。张充和还负责征选了当时一些著名的作曲家谱曲。最后她和礼乐馆的同事们花了两年多时间完成了对古典乐章的整理工作。

当时，礼乐馆的馆长汪旭初还是张充和推荐的。原来是教育部本想聘请沈尹默担任礼乐馆馆长，教育部知道张充和跟沈尹默关系好，本想让张充和出面去请沈尹默。结果沈尹默婉拒了这个美差，并推荐了监察院的同事，曾经在北洋军阀政府时期做过礼乐工作的汪旭初。张充和前去征询汪旭初，结果他就爽快地答应下来。后来汪馆长自然很关照这位下属，还画了一本梅花送给张充和，以示感谢。

十八、《曲人鸿爪》与《仕女图》

抗战期间，充和随身携带着《曲人鸿爪》的小本子，一路收集爱好昆曲的各方名家的手迹。张充和让曲友在本子上留下自己的诗词书法

第一章　兰心蕙质的民国才女——张充和

《仕女图》完璧归赵　　重庆抗战时，依然端庄优雅　　与傅汉思结为伉俪

抗战胜利后，张氏子女欢聚一堂

或者山水花鸟小画。这些落款大多是当时中国文教界和政府官员的大名。这是传统文人之间以诗文墨宝会友交友的雅趣,也让她因结识这些朋友而倍感自豪。

1944年6月的一天,张充和又到歌乐山拜访沈尹默。沈尹默赠她一首七言绝句:"曲弦拨尽情难尽,意足无声胜有声。今古悲欢终了了,为谁合眼想平生。"随后,她到上清寺看望战时水利工程实验处负责人郑权伯。

张充和与郑权伯因热爱书画而结缘,亦师亦友。张充和来到郑权伯的办公室,恰巧,郑权伯出去开会了。张充和便坐在办公室的沙发上等候。闲来无事,她一边等一边捉摸沈尹默送的诗,忽来灵感,她立即拿来郑权伯办公桌上的纸墨,以此诗意画了一位仕女。她先画仕女的眼线,再加眉、鼻、口。此时郑权伯回来,张充和从没画过人物,害羞之下,准备把画作扔进纸篓。郑权伯看到,连忙上前制止。郑权伯打开画作,观看后赞赏不已,又让张充和补画仕女的身体和琵琶,还力邀张充和抄上沈尹默的诗及上下款才作罢。

过了些时日,张充和再去玩时,郑权伯已将画裱好,并把她过去写的《牡丹亭》中《拾画》上的一段文字也裱了上去,还请了沈尹默、乔大壮、汪东、潘伯鹰题词。次年,他又在画的绫边上加上章士钊等人的题词。后来郑权伯将此画翻拍成照片回赠张充和作纪念。

十九、无奈与憧憬

说到另一位忘年交章士钊,他为张充和这样的一位才华横溢的大家闺秀却因战火而飘零感到惋惜。有一次章士钊赠了张充和一首伤感的诗,诗中"文姬流落于谁事,十八胡笳只自怜"一句,将张充和比作东汉才女蔡文姬，流落飘零，让人同情。这让自尊心极强、心气儿甚高的张充和很不开心。

当时还是单身的张充和，基本能够满足自己的生活。有了二祖母的遗产作为基本生活保障，她可以不必因为经济压力而仓促考虑嫁人。她愿意就这么一直单身，灵动，自由，唱唱曲，写写诗，练练字，像女学士一样和文人骚客诗文唱和，不使自身满腹才华、一腔才情淹没于家庭主妇庸常繁杂的日常琐事之中。而自幼年起就一直在外漂泊的经历，早已经使她习惯独处与自立。她独来独往惯了，也不在乎社会舆论的压力。她一直记挂着自己有大量的田产，等到战争结束，她还可以回合肥老家当"地主婆"。她甚至憧憬着等到战争胜利那一天，她返回老家合肥，在祖母留给自己的地产上，修建一个庄园，使之成为文人雅集的乐园和互相唱和的一方乐土。

其实，在战争中，张充和也时常感到忧愁烦恼。她脱离了安稳的生活状态，也不知道这场战争会是什么样的一个结果。那个动乱的年代，仿佛什么都是没有保障的，一个单身女性以后要怎么生活？她只能自我安慰，顺其自然，随遇而安，将更多的时间寄情于艺术之间，寻到精神寄托和某种归属感。

此时的张充和依然保持了心气高傲的特点，坚持我行我素。有一次，张充和坐黄包车，在车上，她脱了鞋，打着光脚，露出红色的脚趾甲。这被一个巡街的女警员看见，把她的车拦了下来。女警员上前责问她为什么不穿鞋子，脚趾甲还涂了红色。傲慢的张充和反而责问女警员，"脸上可以涂，手上可以涂，为什么脚上不能涂"，还指责穿制服的女警员穿的是什么衣服。

二十、抗战胜利后，北大授课与结婚

1945年8月15日，日本宣布投降，中国抗战胜利结束。张充和随同教育部礼乐馆的同事们一起光复归乡。1946年初，张充和回到苏州家中。感觉似曾相识又物是人非，颇为感慨。不久，继母韦均一和张家十姐弟又重新在家里团聚。苏州的昆曲活动又复苏了。张家依然像抗战前一样定期在家中开办曲会。同年，在上海一次大型的公演中，张充和出演昆曲《断桥》中的旦角白娘子，老曲家俞振飞演唱生角许仙，大姐张元和唱青蛇，场面颇为震撼。不久，联合国教科文组织派人到苏州考察昆曲文化，刚刚重建的乐益女中接待了考察小组。

延伸阅读：
旧日歌声竞绕梁，旧时笙管逞新腔。
相逢曲苑花初发，携手氍毹酒正香。
扶断槛，接颓廊，干戈未损好春光。
霓裳蠹尽翻新样，十顷良田一凤凰。
——张充和《战后返苏昆曲同期》

随后，张家十个姐妹兄弟团聚在上海，在大姐张元和家中，照了难得的几张全家福，然后又各奔东西了。而后来的他们也很难料想到此后中国的命运，使他们这一大家人从此天南海北，地各一方。

1947年夏，张充和前往北平，她被北大聘为讲师，教授书法和昆曲艺术课程。她依然时常寄居在三姐张兆和家中。这时的中国正在进行解放战争。而张充和已经是一位三十四岁的大龄女青年了。

1948年3月，她与北大外语系的美籍教授傅汉思相识。当时傅汉思经季羡林介绍，经常到沈从文家中，向沈从文讨教中文。在沈从文家中，傅汉思认识了张充和。

傅汉思出身德国的犹太学者家庭，精通德语、法语、英语、意大利语、西班牙语、汉语等多国语言。在二战时，傅汉思跟随父母流亡至美国加州定居。在美国，傅汉思在斯坦福大学获得西班牙文学学位，后又在加州大学伯克利分校攻读罗曼语博士学位。后来，在美国当驻美大使的胡适认识了他，并推荐他来北大教书。就这样，他又来到北京大学，出任西班牙语系主任，教授拉丁文、德文和西洋文学。在北大，他的兴趣渐渐地转向了中国古典文学研究。

傅汉思是一位十分用功的学者，温厚而博学。其实傅汉思原本名为傅汉斯，后来，经张充和提议，改为"汉思"，即虽是洋人但思汉。张充和与傅汉思都对中国传统文化有浓厚的兴趣，可谓志趣相投。这个帅气文雅的西方小伙子，继承了西方男孩热情开放，敢于大胆求爱的特点，向张充和表达爱意，展开了热烈的追求。在傅汉思看来，张充和是"一个中国诗歌的终生弟子，以及中华文明最美好精致部分的活生生的化身。"一开始，张充和并不同意这个外国人的追求，但是，最终张充和还是打开了心扉。在张充和看来，傅汉思是个"老实、靠得住"的人。

1948年11月21日，相恋不到一年，三十五岁的张充和嫁给了这位德裔美籍犹太人。张充和本打算在1949年春季结婚，然后和傅汉思一起前往美国。但是，张充和办理美国护照，急需两人的结婚证，所以他们只能将婚礼提前。

为了符合美国的法律，他们的婚礼采取了基督教仪式，操办得十分简单。美国驻北平领事馆副领事到场证婚，三姐张兆和作为女方家长出席，此外，北大、清华的好友长辈胡适、杨振声、季羡林、梅贻琦、朱光潜等一共十四位嘉宾参加了他们的婚礼。朋友们赠送珍贵的古墨、古董、字画等作为对这位"女史"的祝福。而此时，解放战争已经到了最后阶段，国民党的军队节节败退。解放军马上就要来到北平了。张充和作为一个手上拥有大量田产契证的地主，她的田产马上就会化为乌有。那个年代你可以今天腰缠万贯，也可以一夜之间一贫如洗。

你很难想象，一个对中国传统文学、艺术造诣很深的大家闺秀，她不精通英语，也不太喜欢西方文学，甚至有排外，最后竟然做出决定嫁给了一个外国人，并且离开中国，去了一个完全陌生的环境定居。也许是单身太久，想要有个安稳的家；也许是跟傅汉思志同道合；也许是面对新中国的到来，她拥有的艺术兴趣和自己的经济基础都无法保留，让她感到绝望，归根到底，她只是一个生活在自己小小的封闭的世界里，关注自我生活状态的小女人。她在二祖母身上和传统文化里学会了养生治学之道和慈悲为怀、与人为善。但是，她从来就没有过关于远大志向、理想抱负的培养。

二十一、移民至美国，拮据的生活

1949年初，新婚的张充和与丈夫傅汉思一起坐上从上海至美国的游轮。临行之前，张充和前去沈尹默家中辞别。沈尹默送给了张充和四件礼品，以作纪念，包括绣花被面、一锭墨、二支"尹默选颖"毛笔和沈尹默的两幅字。

由于走得仓促，张充和随身携带的行李箱只装了几件换洗衣服，还有她视若珍宝的古砚、毛笔和一盒约有五百年历史的古墨。其他重要的书籍、宣纸以及友人赠送的纪念品和她收藏的明清卷轴等珍品都用邮寄的方式，寄往美国。但是在途中，珍贵的明清卷轴弄丢了。

当时中国大量的社会名流，有的漂洋过海移民欧美，有的南下香港，有的随国民党去了台湾，有的选择留在了大陆。张充和的大姐张元和和大姐夫顾传玠一起去了台湾，二姐张允和、三姐张兆和以及几个弟弟都留在了大陆。当年父亲张武龄在给女儿们娶名字时，在名字中都带了个"儿"字，意为"两条腿"——女儿大了总要离开家的。而张充和这"两条腿"走得最远。

去了美国之后，张充和先是与傅汉思一起居住在美国加州旧金山傅汉思父母的家中。不久，傅汉思在加州大学伯克利分校任教，张充和也被安置在该校东亚图书馆担任图书管理员。两人又搬到了柏克莱居住。

在异国他乡，张充和全然寄情于传统文化。她依然坚持着每天最喜欢做的两件事，一是练习书法，一是拿着戏曲家王季烈编撰的《集成曲谱》练唱昆曲。偶尔她还被好莱坞制片方邀请去为影片录音吹笛。那个时候，张充和与傅汉思手头都没什么钱，经济十分拮据。但是，张充和依然坚持练字，再贵都要用最好的纸墨，这是张充和一生不变的原则。

1956年，胡适到加州大学伯克利分校做了半年客座教授。作为张充和的长辈和朋友，胡适时常到张充和家中做客。他知道张充和有上等的笔墨，就时常来练习书法。为了以示感谢，胡适亲手书法抄录了一首元曲《清江引·惜别》在张充和的《曲人鸿爪》书法册中。

清江引·惜别
若还与他相见时，道个真传示：不是不修书，不是无才思，绕清江买不得天样纸。

傅汉思从中国返回美国后，就很想继续研读中国文学，再攻读一个中文博士学位。对于这件事，张充和给予了全力的支持。从1949年到1959年，十年时间，专心攻读博士学位的傅汉思都没有一份全职的工作。而这一时期，张充和成了家里的顶梁柱，承担了家里的大部分开销，在图书馆工作了八年。有段时间，家里实在钱不够用了，无奈之下，张充和将她二十年前收藏的十锭名贵的乾隆石鼓墨变卖了。直到1959年，傅汉思终于拿到哈佛大学的中文博士学位，到斯坦福大学任中国文学助教。这时，张充和才在斯坦福当了两年全职太太。在此期间，张充和和傅汉思领养了两个美国小孩，并按照张家族谱，取"以"字辈，儿子取名傅以元，女儿取名傅以谟。

1961年，傅汉思调到耶鲁大学东亚语言文学系当副教授，并很快升至终身教授，教授中国古典诗词。经过十多年的潜心钻研，傅汉思成为美国顶尖的汉学家。可以说，张充和功不可没，这恰恰体现出中国传统女子贤德的优点。

二十二、传授书法与昆曲艺术

张充和和傅汉思很快将家从加州搬迁至美国东岸的康州，住在耶鲁大学东港。他们的日子就此安定下来，经济状况也大为改善。平日里，张充和喜欢打理自家的花院。她在自己家中后院精心栽培了牡丹、玫瑰、芍药，还种了一些蔬菜和一片竹林，体现出浓浓的中国情结。家里的装饰依然古色古香。张大千的画作，自己年轻时的照片和昔日文人雅客的作品挂在她的客厅和厨房内。在自己的家里，这就是她的"一家一世界"。诚然，在故乡之外的美国，张充和经常思念自己的故乡，很是感慨。往往越是思乡情切，就越沉醉于诗词、书法和

第一章　兰心蕙质的民国才女——张充和　　　　　　　　　43

回到苏州九如巷老家依然笔耕不辍　　　1954年，在美国和一双儿女：傅以元、傅以谟

百岁华诞　　　　　　　　　　　　　　1983年与孙天申出演昆曲《牡丹亭·游园》

昆曲。但是，张充和与丈夫傅汉思对中国传统文化共同的热爱和美国安宁的生活环境，让张充和的文艺爱好和习性都很好地保留了下来，并且随着时间的推移，发展到了极致。

就书法艺术而言，张充和从朱谟钦到沈尹默那里传承创新出了自成体系的从用笔、研墨、运臂到临摹的心得体会。张充和练书法的毛笔是专门托朋友从日本两家叫平安堂和鸠居堂的店带回美国的。她用墨也很讲究，从来不用现成的墨汁，总是在写字前，先自己研墨。张充和的墨条收藏更是堪称古董，大多是明清时期或者民国初年名家制造的。这些品相上好的墨条研起墨来能散发出淡淡的麝香味。而在写字前，练习磨墨是为了舒展肩臂，以备练字时肩臂好发力。她认为学习颜真卿的字是书法的基础，要练书法，先要临摹颜真卿的字。她也强调市面上很多书法字帖都不是碑文字体的原形了，而且往往在裱托的过程中，字被撑大而失真。

因为张充和本身书法写得极好，有很好的文史功底，所以，经傅汉思介绍，张充和也在耶鲁大学的美术学院做起了兼职，教洋学生学习中国书法艺术。

没过多久，东亚语言文学系的一些老师听闻张充和不但书法写得好，还会唱昆曲，就想向张充和拜师学曲。所以，张充和又在家中开设了一个曲会，并取耶鲁之意，给曲会取名为"也庐曲社"。每个周末，张充和都在家中开办曲会，传授昆曲。此时，老朋友项馨吾在美国东岸纽约定居。他和张充和经常一起合唱昆曲，还在美国登台出演生旦两角。起初，在海外演出昆曲是很艰难的。张充和经常找不到好的配戏搭档和奏乐队。所以，她只能演出简单的剧目，而且经常要提前将自己吹奏的笛音录制下来，演出时放奏，甚至还要自己化妆。

就这样，傅汉思在美国专心做起中国传统文化的研究。而张充和也在美国传授中国传统文化艺术书法和昆曲。与此同时,还有一批精通中国传统文化的文人学者也在美国弘扬着中国传统文化。渐渐地,张充和因对书法和昆曲的深厚造诣而在美国声名鹊起。很多人来向她索要墨宝和学习昆曲。

1965年至1966年,趁着傅汉思休年假之际,张充和与傅汉思一起前去台湾探望在那里的大姐张元和一家,也拜会以前认识的一些定居台湾的曲人朋友。张充和的台湾之行,可以说是一次昆曲之行。张充和的到来,让台湾的文艺界刮起了昆曲艺术之风。

此后,张充和陆陆续续在海外二十几所大学演唱过昆曲,包括哈佛大学、耶鲁大学、普林斯顿大学、芝加哥大学等名校。她的书法和昆曲演出对美国的汉学界产生了深远的影响。与此同时,中国经历了"文化大革命"。二姐张允和和老曲家俞平伯等创办的北京昆曲研习社被迫停办。三姐夫沈从文作为资产阶级小说家的典型被批判至精神崩溃。而恩师沈尹默在"文革"期间,被迫销毁了他毕生所有的书法作品和那些弥足珍贵的字画收藏,最后在绝望中去世。

直到1979年,二姐张允和七十大寿,随着政治环境的改变,北京昆曲研习社恢复。张充和与傅汉思一起返回阔别三十多年的祖国。归国前她颇为动情地写下诗歌:"愁路远,记当初。眼前事事总模糊。年年归梦扶清影,及到归时梦待扶。"

回到苏州,二姐张允和为她准备了很多昆曲演出节目,一些国内的老曲家前来欢聚。年迈的一群老人还像年轻时一样开曲会,演昆曲。但是没过多久,她还是和傅汉思一起返回了美国。也许,在美国待了几十年,已经习惯了那里的生活。也许,年轻时的那些名媛闺秀的生活方式已经再也回不去了。她始终向往着有一个桃花源,能够让自己与世无争地过一种闲静舒适的生活。

延伸阅读

暂别真成隔世游，离家无复记春秋，倩谁邀梦到苏州。月满风帘慵理曲，秋深烟渚怕登楼，也无意绪蘸新愁。

——张充和写于《水》复刊第43期

1983年，张充和七十岁寿辰。她自书一联以自述："十分冷淡存知己，一曲微茫度此生"。也许到美国这么些年，她真的越来越淡泊，也真正达到了陶渊明那样悠然自得、遣怀随缘的境界。

两年后，即1985年，她从耶鲁大学退休。退休后，她仍继续在家中每天晨起，磨墨练字，吟诗填词，时常有耶鲁大学的学生前来学习书法或者熟识故友前来索字，也有昆曲爱好者前来雅集唱曲。

在练字唱曲之余，她也依然保持着研读和写作古诗的习惯。但是，张充和写的很多诗多为率性而作，没有刻意保留，所以大多遗失了。后来她的一个美国学生帮她制作了一本诗集，以她最优秀的古诗《桃花鱼》为书名，一共收录了她一生创作仅存的十八首古诗。这本诗集全都是张充和自己用小楷书法写的，也算是留给自己的一种珍贵的纪念。

1986年，张充和因参加北京举办的纪念汤显祖逝世三百七十周年大会，和定居美国的大姐张元和一起再次返回中国大陆。张家四姐妹和弟弟们团聚在首都北京。这一次，在北京，张充和见到了很多来自全国各地和海外的曲友，参加了很多昆曲活动。她还和大姐张元和再次登台献唱，共演《牡丹亭》中《惊梦》一出，大姐演柳梦梅，张充和演杜丽娘。两个花甲老人在台上合作演出，下面的观众感动不已。尤其是二姐张允和和三姐张兆和想起年轻时在苏州学戏的场景，颇为伤怀，光阴荏苒，追忆逝水华年，不觉泪满襟，寸断肠。

1988年5月10日,八十六岁的沈从文因心脏病突发在北京家中逝世。张充和闻听这个消息后,立即磨墨提笔,连夜赶出挽联:"不折不从,星斗其文,亦慈亦让,赤子其人"。短短十六字,道出了姐夫沈从文一生的宽厚谦和。后来,这幅挽联被翻刻在湘西凤凰沈从文先生墓地的一块五彩大石碑上。沈从文生前主要的文学著作也都是张充和为他挥毫题名的。这位姐夫也在她的一生中恩重如师。

同年,纽约的昆曲社成立,该曲社一边在海外演出昆曲,一边弘扬昆曲,培养后继之人。而为海外昆曲传承做出重要贡献的张充和被聘为该社的主要顾问。

2001年,联合国教科文组织终于将昆曲艺术列入人类非物质文化遗产保存名录。这对于张充和来说,无疑是一个巨大的欣慰。昆曲艺术最终受到联合国教科文组织的重视,也是和张充和等昆曲家以及海外昆曲社的努力分不开的。数十年如一日,心如止水,张充和在美国默默地弘扬着中国传统文化。

2003年8月26日,傅汉思去世,此时,张充和已是九十高龄。她仍亲自书写参加追悼会的邀请函。回想起张充和和傅汉思在两人结婚二十周年时所写诗句:"莫求他世神仙侣,珍重今生未了缘。"正是这个老实敦厚的外国男人在她漂泊的一生中给了她一个温暖的家,让她不再孤单。他是张充和一生的爱人和一世的知己。

从2004年开始,张充和的书画展在北京和苏州展出。随后,2006年,美国西雅图艺术博物馆为张充和举办"古色今香"书画展。随后,海外学界对张充和的诗歌、书画和昆曲成就给予了高度评价。最终,这位书法家和昆曲家成为享誉海外的一代大师。

张充和一直把昆曲当成一生的精神寄托,从她十六岁开始一直陪伴她一生。在海外的寂寞生活与思乡情切中,是昆曲演唱帮助她排解心中的忧愁，是书法艺术那柔软的笔尖帮助她将心灵扶化得柔软。如今，张充和依然坚持每天练书法，唱昆曲，修身养性，颐养天年。张充和的确是一位优秀的传统艺术家，她已经将"对昆曲艺术的感悟"与"对书法的感悟"融会贯通，合二为一。

她真实地贴近着自然，安静地感受着生活，颇有"采菊东篱下，悠然见南山"之态。她每天经营着家中的花菜院，时常在竹林旁的长木椅上吟诗听曲。张充和虽年事已高，整个人却还是那样雅致、精神。因为她心态平和，有大家闺秀的丰富修养，随着年龄的增长，她表现出更多的轻松感和幽默感。张充和的一首小诗，很能表达她当时的心境：

当年选胜到天涯，如今随缘遣岁华。

雅俗但求生意足，邻翁来赏隔篱瓜。

2010年北大中文系创建一百周年庆典，北大中文系主任陈平原教授给张充和致信，请她为院系编撰的六种重要纪念文集的书名题字，九十七岁高龄的张充和提笔写下"我们的师长""我们的青春""我们的五院""我们的园地""我们的诗文""我们的学友"。不知张充和在题写这些字时能回忆起多少北大青春岁月。

2015年6月18日，张充和在美国家中安详辞世，享年102岁。世人说张充和用古典诗词、笔墨丹青、昆曲书写了她格调高雅的一生，不入凡尘的一生。诚然，张充和一生低调自我的性格，淡泊名利的境界，对艺术的热爱与执着，是那样地让人佩服。

她说她很喜欢陶渊明的生活意境，凡事一切随缘，顺其自然，从心所欲不逾矩。

第二章　华语影坛首位影后——胡蝶

她，倾国倾城，一颦一笑牵动人心。她不曾料想自己含笑的酒窝深深地影响了大众对美人的判定标准。因为她的缘故，那个年代甚至是现在，双颊有酒窝的女子都何其有幸地被称之为"美女"。

她温婉大气、眉目含情，是中国传统"全福全寿"的面相。这不仅让她拥有无与伦比的亲和力，也让她拥有各个年龄阶段的粉丝，为她的电影事业累积了超高的人气。

她十七岁涉足影坛，五十八岁告别影坛，饰演过江湖侠女、闺秀小姐、单身母亲、女特务、艺妓、歌女、姨太太、教师、农妇、女工等众多角色。她以在电影艺术上孜孜不倦的追求和努力，成为华语影坛第一位"电影皇后"。

她不仅是一位优秀的演员，更是一位优秀的电影人和艺术家。她是中国最早拍摄左翼影片，为底层人民呐喊的女演员；也是在国难当头之际，拒绝与日本人合作，向世人展现高贵国格的艺术家。

她一生情路坎坷，风波不断。她先后历经了与公司老板兼导演张石川的绯闻，与演员林雪怀的婚姻解除官司，与东北军总司令张学良跳舞的谣言；与上海青洪帮大亨杜月笙的周旋；后来又被国民政府特务头子戴笠霸占……好不容易可以和丈夫潘有声共度余生，不料丈夫中年病逝，她又独自抚养儿女长大成人。她的一生远比她演过的任何一部影片都要精彩。与同时代因"人言可畏"而自杀的影星阮玲玉相比，她没有被轻易打倒，没有选择逃避，而是内心强大、性格坚韧、聪慧沉静地活着，百炼成钢，最终安享晚年，病逝于温哥华。

影后胡蝶 　　　　　甜甜的酒窝 　　　《秋扇怨》剧照

《白云塔》剧照

生活的强者：一袭长裙，高贵典雅　　《火烧红莲寺》剧照

什么是电影，什么是优秀的电影？什么是演员，什么是优秀的演员？胡蝶与她同时代的电影人用毕生的追求与探索告诉了我们答案。

优秀的电影是一种艺术、一种格调、一种品位。它不仅仅是摄影机的运动变化制造出的简单的视听效果，而应当是一个团队怀着一颗敬畏之心，以严谨的情节和多样的风格展现电影叙事能力，利用矛盾与冲突诠释真实的人性。

优秀的电影执着于艺术的使命感，执着于释放人生经历的反思，执着于万千事物的本真。优秀的电影蕴含着生命力、爆发力、想象力、创造力相结合的美，它应当具有崇高的里程碑地位。

一、辗转漂泊的年少时光

1908年2月21日，胡蝶出生在上海提篮桥怡和码头附近的一个普通人家。作为家中第一个孩子，胡蝶自然是父母的掌上明珠，就像"宝娟"这个乳名儿，虽然普通，却包含了父母的爱意。

胡蝶的父亲胡少贡祖籍广东鹤山，出身普通，但是胡蝶的姑姑却嫁给了当时政坛上的风云人物唐绍仪的弟弟。1912年，中华民国成立后不久，孙中山将中华民国临时大总统的位置让给了北洋军首领袁世凯。1912年3月，袁世凯就任民国大总统后，唐绍仪任职内阁总理。胡少贡凭借这样的姻亲关系，当上了京奉铁路的总稽查。时年，胡蝶四岁。

父亲胡少贡进入政府部门任职，不仅让胡家有了稳定的经济来源，也提高了胡家的社会地位。胡家的家境有了很大的改善，跻身小康人家。此外，在政府工作的胡少贡更容易接触新事物、新思想，紧跟时代的潮流。

因为父亲胡少贡的工作具有相当的流动性，所以，四岁的胡蝶和母亲随父亲在铁路沿线奔波生活。不过，小孩子的天性是无忧无虑的，胡蝶的童年没有觉得辗转漂泊的生活是一种辛苦，反而觉得十分快乐和新奇。她经常在铁路沿线看火车来来去去，观察不同的人和事。她总能发现一些新事物，缠着父母叽叽喳喳地问个没完，还时不时地模仿铁路沿线小贩的叫卖声。每到一个地方，她都能迅速地融入其中，找到自己的新伙伴。

1916年，胡家暂居天津。时年，胡蝶八岁。父亲胡少贡将胡蝶送到天津的一所天主教会学校圣功女子学堂念书。为了方便女儿入学，胡少贡给胡蝶取了大名"胡瑞华"。由于胡蝶的母亲生下胡蝶后，就没有再生育。胡妈妈认为自己很对不住胡家，所以，她力劝丈夫胡少贡纳妾。最后，胡少贡在天津纳了一名旗人女子为妾。这位旗人女子，性格与胡蝶的母亲相似，也颇为敦厚贤淑。性格开朗活泼的胡蝶和这位姨娘的关系十分要好，一家人相处十分和睦。这位姨娘后来不仅为胡家生育了四子一女，同时也教会了胡蝶一口流利的国语，让胡蝶在中国有声电影起步时期占尽优势，更是在胡蝶成为大明星之后，任劳任怨地担当经纪人和保姆，照顾胡蝶的生活。

但是，胡蝶一家在天津的稳定生活只有短短一年。1917年8月，已辞去北洋政府职务的唐绍仪，追随孙中山南下广州，参加护法运动。同年，胡蝶的父亲胡少贡也辞去公职，回到家乡广州做起盐务生意。胡蝶和家人一起跟随父亲搬迁至广州。

广州是晚清政府第一批被迫开放的通商口岸城市之一，且临近英属殖民地香港，所以，广州也跟当时的上海一样，是一座中西合璧、颇为现代化的城市。胡蝶来到广州之后，被父亲安排在广州的一所美国传教士创办的学校培道女子中学继续学习。胡蝶凭借着在铁路沿线生活所练就的适应力和社交能力，加之自己开朗乐观的性格，很快学会了粤语，融入了学校和广州当地的生活。

在这个文艺荟萃的城市，胡蝶对皮影戏产生了浓厚兴趣。皮影戏通过光和影的奇妙配合，配以打击乐器，生动形象地将才子佳人和忠孝礼义的故事向观众展示，很受大众喜爱。这种民间艺术让小小的胡蝶感到甚是新奇，也颇为着迷。她时常在家模仿皮影戏中的人物，引得父母哈哈大笑。胡少贡见胡蝶对皮影戏甚是痴迷，便想到了一样新潮的和皮影戏类似的艺术——西洋影戏（电影早期的称呼）。

1922年，当年中国公映了最早的三部国产长篇故事影片——《海誓》《红粉骷髅》和《阎瑞生》。时年十四岁的胡蝶在父亲胡少贡的带领下第一次到电影院观看了人生中的第一部电影《海誓》。以今天的眼光来看，爱情片《海誓》中一见钟情的恋人因金钱诱惑背叛爱情，之后为求恋人原谅而跳海自杀的故事情节有些俗套。但是在当时刚刚处于起步阶段的中国电影，《海誓》却制造了一个壮举。这部由青年导演但杜宇执导的爱情片，一反过去"男演女"的保守传统，大胆启用女性，其妻子殷明珠直接扮演女主角。这一壮举，开中国电影界之先河，客观上促进更多女性勇敢参与到电影这个新兴行业中。胡蝶在被《海誓》情节感动之余，更是佩服片中女演员殷明珠的勇气。或许父亲胡少贡并没有想到自己的一个小举动让胡蝶之后对电影如痴如醉，甚至走上了从影之路。

1924年，由于胡少贡在广州经商失败，十六岁的胡蝶跟随家人又重新回到上海，住在北四川路余庆坊82号。

胡蝶年少时辗转各地的生活经历，极大地丰富了她的阅历，锻炼了她的适应能力和社交能力，也让年少的胡蝶养成了坚强、独立、开朗和乐观的性格。同时，胡蝶受到不同人文风俗的熏陶，这为她后来的电影艺术生命提供了不竭的创作源泉,因为真正的艺术源于生活又高于生活,最后归于生活。

二、回到上海,追逐电影

胡蝶和电影真正的缘分是从上海开始的。从1909年,上海诞生了中国第一家由西班牙人创办的电影院,到20世纪20年代,上海成了中国电影业的摇篮,中国电影业也迎来了第一个黄金时期。电影将逐步成为一种时尚、一种崭新的艺术表现形式和大众传播媒介,融入人们的生活。胡蝶遇到了和中国电影业一起起步,并走向辉煌的时机。

1924年,胡蝶回到上海后,在上海第一所由国人自主创办的女校即上海县立务本女子中学顺利读完了中学课程。中学毕业后,懂事、好强的胡蝶作为家中的长女,没有再考虑继续上大学。她准备找一份工作,帮父亲分担家庭的重担。

毕业后的胡蝶时刻留意着报纸上的招工信息。当时,能让女子抛头露面的工作机会并不多,大部分在社会谋职的普通女孩都是进工厂当女工。一次机缘巧合,胡蝶在报纸上注意到了大中华电影学校的招生广告。这让本就对戏剧很感兴趣的胡蝶,萌生了学习电影表演,靠当职业演员赚钱的想法,而这一想法改变了她的整个人生轨迹。

大中华电影学校全名"大中华电影公司附设学校"。当时上海最大和最有影响力的电影院——上海大戏院的老板曾焕堂希望能在电影院之外的电影制片、放映、代理等电影相关领域都有所成就,便有了创办电影公司的想法。1924年,曾焕堂凭借自己岳父黄楚九在上海娱乐界龙头老大的地位,获得人脉资源和资金支持,与好友,电影人顾肯夫联合创办了大中华电影公司。为了大中华电影公司的长足发展,曾焕堂和顾肯夫意识到培养电影人才的重要性，所以在大中华电影公司成立之时，也创办了大中华电影公司附设学校，意在大力培养和储备优秀的电影人才。

萌生了想要报考大中华电影学校的胡蝶，努力劝说父母，希望得到家人的支持。在中国传统社会，从事戏剧表演的伶人，社会地位都很低下。胡蝶的父母虽然眼界还算开阔、明白事理，但是当时的社会风气还是保守的。电影，作为一种崭新的戏剧表现形式，普通大众还没有看到它广阔的前景，当时，女孩子演电影都还没有被公众广泛接受，更别提电影演员通过演电影，成就"明星梦"了。最后，在胡蝶的坚持下，家人还是做出让步，给予了支持。

胡蝶为报考中华电影学校做了精心的准备。在与家人共同策划之后，胡蝶首先想到取艺名。胡蝶本就生得漂亮，还有两个深邃的大酒窝，是一个标致的大美人，要是有一个响亮的名字更容易让人第一时间记住。胡蝶本想将名字"胡瑞华"改为"胡琴"，但是胡琴整天被人拉来拉去，主动权不掌握在自己手上，让人感觉不舒服。不经意间"胡蝶"两个字在脑中盘旋。"胡蝶"二字让人首先联想到翩翩起舞的蝴蝶。这的确是一个会让人浮想联翩和记忆深刻的艺名，所以胡蝶果断采用了这个名字。也许她自己都不曾想到她的形象和艺名"胡蝶"会成为20世纪30年代上海的一张名片和一代人的记忆。

改艺名之后，胡蝶认真地准备着大中华电影学校的面试。要成为一个演员，美丽是必须的。为了让自己看上去美丽大方，面试当天，胡蝶特意化了妆，带上耳环，穿上高跟鞋，梳了少妇的发髻。本是一活蹦乱跳的天真少女，顿时变成活脱脱的优雅少妇，不得不佩服胡蝶的别出心裁。面试胡蝶的主考官有当时中国第一批海外留学归来的电影人陈寿荫、徐琥、汪煦昌、洪深、陆澹盦等。当时考试的题目要求是自由表演,用不同的肢体语言来表达不同的内心活动。因为当时的影片都是无声的,演员只能通过表情神态和肢体动作来表演。胡蝶在台上或喜或悲或哭或笑,时而娇憨可人,时而哀怨忧伤,一颦一笑、一举一动都让考官颇为满意。最后,胡蝶脱颖而出,顺理成章地被大中华电影学校录取。

喜怒哀乐似乎信手拈来,收放自如毫无雕凿痕迹,亭亭玉立之中透着一股大家闺秀的风范。

——主考官陈寿荫的评价

三、在大中华电影学校的日子

大中华电影学校,是一所专业的电影技术培训学校。实际上,学校的各种设备都十分简陋,学校只是在上海"大世界"娱乐场所附近的一所学校里,租下了一间教室,作为学员上课和培训的基地。1924年9月1日,学校正式开学,校方计划六个月为一个学员的培训周期。胡蝶正是大中华电影学校第一期招收的学生。

为了以示对学校的重视,曾焕堂亲自担任校长,编剧洪深担任教务主任,当时中国主要的电影人诸如郑正秋、陈寿荫、汪煦昌、高痕梨、蔡楚生等人都到学校任教,师资力量堪称国内一流。

学校开设了影剧概论、电影行政、西洋戏剧史、电影摄影术、导演术、化妆术、舞蹈训练、歌唱训练等课程。此外,学校还重视学员的社会生活技能培训,诸如骑马、汽车驾驶等。学员除了上课和培训外,还可以每周两次免费到校长曾焕堂的影院观看外国电影,从中汲取营养,开阔视野,提升修养。从大中华电影学校的师资力量、开设课程、学员前途来看，中华电影学校作为一个职业电影学校，办学宗旨严肃认真，着力培养的不仅是演员，而是具有导演、摄影、编剧、管理等综合素质的优秀电影人。

由于在大中华电影学校任教的老师大都白天要在各大电影公司任职，只有晚上才能抽出时间到学校上课，所以学校的课程安排都在晚上7:00到10:00。虽然上课时间不是很科学，但是大中华电影学校校规极严。学员三次无故缺课，便勒令退学。

在这样艰苦的学习条件下，胡蝶系统地学习了电影理论和表演技能，感受了西洋电影的独特魅力，聆听了老师关于戏剧独有的见解，徜徉在电影广阔的世界里。此外，胡蝶还结识了一批和自己一样热爱电影艺术的老师和同学。

在中华电影学校学习期间，老师们出于对电影的热爱，为电影事业无私而真挚的付出，让胡蝶的内心很是感动。胡蝶在大中华电影学校的学习是认真刻苦和快乐的。

1925年初，经过半年的专业学习，胡蝶从大中华电影学校结业。在结业汇报演出中，胡蝶和同学徐琴芳合演了舞台喜剧《姊妹花》。两人幽默夸张的表演给老师和同学们留下了深刻的影响。可是，令人遗憾的是大中华电影学校因为资金问题和人事变动，只培养了这一届学员，就停办了。胡蝶和她的同学们成为大中华电影学校培育出来的第一届也是最后一届学生。

可以说，大中华电影学校是胡蝶一生的福地。它让胡蝶从一个电影的门外汉迅速成为科班出身、专业素养较高的电影人才。在大中华电影学校的学习让胡蝶受到当时最新潮的电影思想的熏陶。它让胡蝶不仅在追求电影艺术道路上精益求精，也使胡蝶有意识地以电影人的使命感和责任感，推广中国电影。

大中华电影学校的学习为胡蝶后来的成功奠定了坚实的专业基础，也让胡蝶结识了一帮志同道合的电影人，为自己将来的电影之路广积人脉。

四、影片《战功》中的配角

从大中华电影学校毕业后，胡蝶并没有马上开启职业演员生涯。她求职的道路并不是一帆风顺的，因为当时的中国电影业才刚刚起步。上海只有明星电影公司、大中华电影公司、神州影片公司等几家较具规模的影片公司，而且出产的影片也很少，几乎一年只有两三部国产电影出品。在家待了近半年，胡蝶都没有签约到一家电影公司，没有机会参与电影演出，这让胡蝶很沮丧。无奈之下，胡蝶只好去向曾经在大中华电影学校上过课的老师求助，看看有没有演出的机会。毕竟教过胡蝶的老师都是这几家影片公司的骨干。

1925年6月，胡蝶找到了自己的恩师，正在大中华百合影片公司（1925年6月，由大中华电影公司和百合电影公司合并而成）担任编导的陈寿荫。当时，大中华百合影片公司正在筹划拍摄影片《战功》。陈寿荫知道胡蝶是个演电影的好苗子，便积极向《战功》剧组的导演徐欣夫推荐了胡蝶，胡蝶获得了一个演出的机会。

胡蝶在影片《战功》中客串了一个卖花女的小角色，戏份很少，纯属跑龙套。不过这部电影却让胡蝶清楚地感受到在电影学校学习的内容和电影实际拍摄的区别，也让胡蝶对电影的拍摄和演员的表演有了进一步的认识。对胡蝶来说，这是一次从电影理论到电影实践的开始。

据胡蝶回忆，在《战功》拍摄片场，自己还曾经闹过一个笑话。

有一场戏是胡蝶要安慰正在哭的女主演张织云。当时张织云带着眼镜，为了怕拍摄的时候镜片反光，所以眼镜只有镜框，没有镜片。胡蝶在剧中，为张织云擦眼泪的时候，不注意将手伸进镜框里去擦眼泪。直到导演喊停的时候，胡蝶才意识到自己犯了错。这件事虽然让胡蝶有点囧，但是也让胡蝶以更谨慎认真的态度对待电影拍摄，甚至以更严格的标准要求自己，要严于律己，注重细节，不要因小失大。

1925年的《战功》是胡蝶的银幕处女作。虽然在剧中跑龙套的胡蝶并未引起大众注意，但是却让胡蝶对电影拍摄的知识和感悟得到很大提升。至此，胡蝶开始了她长达数十年的演员生涯。大多数演员的生涯都是从跑龙套开始的，胡蝶也是如此。只有抱着坚定的信念和认真的态度，哪怕是跑龙套，哪怕是演战场上镜头一闪而过的死尸，都要比别人演得好，如此，当机会来临时，自己才能抓得住。

五、影片《秋扇怨》里的女主角

1925年的《战功》，让胡蝶在银幕上有了露脸的机会。不久，胡蝶的另一个机会来了。胡蝶在大中华电影学校的同学兼好友徐琴芳向她抛来了橄榄枝。胡蝶和徐琴芳曾在大中华影校的毕业汇演时合演《姊妹花》，徐琴芳对胡蝶的演技很是赞赏。毕业后，徐琴芳和戏剧人陈铿然相恋并结婚。1925年4月，陈铿然和朋友一起在上海创办了友联影片公司，并准备筹拍公司的第一部电影。陈铿然将自己编写的热门话剧《秋扇怨》改编成电影，并选定片中一名女主角由妻子徐琴芳担任，但是另一个女演员却不知选谁才好。这时，徐琴芳向丈夫陈铿然推荐了自己的好友胡蝶。当徐琴芳找到胡蝶，说明情况后，胡蝶感到十分兴奋，自己一下子可以演女主角，这是一个天大的机会。胡蝶看过话剧版的《秋扇怨》，对剧中的情节和人物很熟悉。在试镜之后，陈铿然立即拍板，"女二号"非胡蝶莫属。

在影片《秋扇怨》中，胡蝶要出演一名被恶毒的丈夫抛弃，感到绝望的少妇沈丽琼。这对只有十七岁的胡蝶来说是一次不小的挑战。胡蝶也担忧自己能否将角色塑造好。默片时代的电影，观众观看的时候，演员是没有说话的，因而不需要演员说大量的台词，但是却对演员的面部表情、肢体语言的要求非常的高。胡蝶为了演好少妇沈丽琼这个角色，全身心地让自己沉浸在剧情营造的氛围中。即便是在家里，胡蝶也是时刻在熟读剧本，揣摩人物心理，有时在哭，有时在笑，有时悲伤忧愁，有时激动喜悦，连胡蝶的母亲都说胡蝶真的是入戏了。有人说胡蝶对表演有一种天生的悟性，殊不知那也是用努力、心血和汗水浇灌而成的熟能生巧。

胡蝶一方面通过自己的钻研、揣摩和表演将沈丽琼这个角色塑造得无可挑剔；另一方面编导陈铿然精益求精，背景设计人梁雪清别出心裁，摄影师周克严肃认真，其他演员配合默契。在大家的共同努力之下，1925年底，影片《秋扇怨》一上映便广受观众喜爱。而胡蝶作为一个十七岁的少女，将少妇沈丽琼的喜怒哀乐表现得淋漓尽致，以不俗的演技征服了观众。《秋扇怨》是胡蝶第一次作为女主角，真正被大众认识的首部影片。

六、因戏结缘，假戏真做

《秋扇怨》这部电影不仅让胡蝶小有名气，有机会在电影路上继续"扬帆"，也让胡蝶结识了初恋情人林雪怀。1925年秋，胡蝶在拍摄《战功》时，就经主演张织云的介绍，认识了前来片场学习的林雪怀。林雪怀丰神俊朗、风度翩翩，主演过《采茶女》和《最后之良心》两部影片，在电影圈小有名气。虽然林雪怀的演技并不是十分突出，但是处于跑龙套阶段的胡蝶看到帅气十足的偶像林雪怀，还是颇为心动。

也许是缘分天定，不久后，两人在《秋扇怨》中有了第一次合作，因戏结缘。《秋扇怨》中，林雪怀饰演男主角吴毅。在剧中，吴毅救了跳湖自尽的表姐沈丽琼，而且鼓励她继续活下去。一个男人不仅英雄救美，而且还给了这个女人生活下去的勇气和信心。这让胡蝶感叹：“我在拍戏中，有时竟在感情上将生活中的我与舞台上的我合二为一了。”或许因为入戏太深，两人之间产生了真实的感情，假戏真做了。

拍戏之余，胡蝶和林雪怀对彼此的了解进一步加深。由于两人都是广东人，同乡的亲切感，增进了两人的话题。胡蝶通过进一步的了解，知道林雪怀除了表演之外，还擅长绘画、摄影，而且在上海西泠印社附近办了一个雪怀照相馆。在胡蝶的眼中，自己心中的白马王子是才貌双全。林雪怀凭借自己累积的表演经验，给予胡蝶认真悉心的指导，对胡蝶照顾有加。胡蝶深深地感受到林雪怀的关爱。当《秋扇怨》拍完，胡蝶和林雪怀的感情迅速升温，从银幕切换到现实，成为一对恩爱的恋人。《秋扇怨》上映的时候，胡蝶和林雪怀还邀请各自的家人共同观看两人主演的电影，希望两人的恋情能得到彼此家人的认可。

带着对电影艺术和美好爱情的憧憬，胡蝶整个人仿佛进入了梦境，开启了美好的前程。《秋扇怨》上映后反响还不错，但是在拍摄工作完成之后，胡蝶和友联公司的合作也到此结束。胡蝶在《秋扇怨》中的表演，充分地说明她是银幕上很有潜力的新人，因而吸引了不少电影公司的关注。

1923年底，明星影片公司拍摄的影片《孤儿救祖记》第一次在票房上超越了所有外国进口影片，并连续在中国各大城市上映长达半年之久，使国产电影在商业价值和社会认可度上获得了巨大的成功。这让许多商人看到了投资电影的商业价值，开始对电影行业进行疯狂的投机。从1925年至1927年间，中国上海诞生了一百多家大大小小、良莠不齐的电影公司。

1926年初，刚成立不到一年的天一影片公司向胡蝶发出邀请，聘请胡蝶作为天一影片公司的基本演员，并签订长期合同。在合同中规定胡蝶每月拍片的薪酬是70元。

七、正式签约天一影片公司

延伸阅读：

天一影片公司即天一公司，是香港邵氏影片公司的前身。它是20世纪早期电影公司中对后世影响最大的一家。1925年6月，浙江籍富商邵醉翁在上海虹口横滨桥成立天一影片公司。

邵醉翁早年毕业于神州大学法学系，毕业后担任上海法院院长。之后，邵醉翁和朋友合作开办了多达三十家的商号和银行，有着丰富的商业经验和敏锐的商场嗅觉。但是邵醉翁在商业活动中经常遇到缺乏诚信、见利忘义、尔虞我诈之事。于是，1922年邵醉翁和张石川、郑正秋一起经营"笑舞台"，创办"和平社剧团"，经营舞台戏剧，借此移风易俗、感化人心。1923年，邵醉翁见张石川、郑正秋成立的明星影片公司，拍摄的《孤儿救祖记》在票房上收入颇丰，便有了在

第二章　华语影坛首位影后——胡蝶

电影市场赚一笔的打算，准备进军电影业。1925年6月，邵醉翁以"笑舞台"的原班人马为基础创办天一影片公司。邵醉翁自己任公司总经理兼导演，二弟邵邨人负责制片兼编剧，三弟邵仁枚主管发行，六弟邵逸夫负责南洋等海外市场。天一公司成为一家家族企业。

为了在中国电影市场占据一席之地，更是出于商业的考虑，天一影片公司在电影开拍之前，做了详细的市场调查。它根据观众喜欢的口味、情节、题材来针对性地拍摄影片。为迎合小市民的心理和口味，天一影片公司决定将广大群众喜闻乐见的一些传统故事搬上大荧幕。为此，天一影片公司建立了"注重旧道德、旧伦理，发扬中华文明，力避欧化"的拍片理念。

公司成立之初拍摄了《立地成佛》《侠女李飞飞》《忠孝节义》等影片。虽然这些影片在艺术上谈不上高度，但是却迎合了小市民娱乐的心理，颇为卖座，也为天一影片公司积累了一定的观众基础。

1926年初，胡蝶加入天一影片公司。鉴于胡蝶在影片《秋扇怨》中的出色表演，胡蝶受到天一公司力捧，迅速成为公司的台柱子。进入天一影片公司的一年时间内，胡蝶连续出演了公司计划八部电影中的七部，包括：《夫妻之秘密》《电影女明星》《梁祝痛史》《义妖白蛇传》《珍珠塔》《孟姜女》《孙行者大战金钱豹》。胡蝶在银幕上的出镜率越来越高，越来越受观众喜爱，名气也越来越大。

1927年，天一影片公司为进一步开拓南洋市场，又与南洋电影人陈毕霖在广州投资开设的青年影片公司合作，合资拍片。天一影片公司改为"天一青年影片公司"。

1927年，胡蝶依然作为该公司的主要演员，又接连拍摄了《白蛇传》《女律师》《新茶花》《铁扇公主》《蒋老五殉情记》《大侠白毛腿》《刘关张大破黄巾》和《西游记女儿国》八部影片。

由于公司力求商业利润，所以，在短短两年时间内，胡蝶总共拍摄了十五部影片。如此高产、高频率的曝光和出镜，让胡蝶一时间炙手可热，迅速成为电影界的当红小花旦，逐渐具有了不可忽视的票房号召力。胡蝶也凭借高强度的拍片，练就了自己吃苦耐劳的品格，并在演技上越来越熟能生巧、驾轻就熟。

但是，胡蝶出演的这十五部影片绝大多数都是古装片，题材多是讲因果报应、锄强扶弱、忠孝礼义和才子佳人等传统故事。这些千篇一律的题材，让胡蝶在追求电影的艺术高度上很难有所突破和进步。

八、与初恋林雪怀订婚

正在胡蝶努力为电影事业打拼之际，胡蝶的情感上出现了危机。在两年的时间内拍摄了十五部电影的胡蝶，将大量的时间花在了电影工作上，留给家人的时间越来越少。最长情的爱是陪伴。胡蝶忙得时间都挤不出来，又何来时间陪伴恋人林雪怀呢？又怎么能注意到林雪怀一系列的心理变化呢？

林雪怀见自己参与主演的影片《秋扇怨》获得了成功，但是他本人并没有因此声名大噪，本就受挫。胡蝶加入天一影片公司之时，也曾推荐自己的恋人林雪怀，但是却遭到拒绝。林雪怀隐约地明白自己不是演员的料。加上与胡蝶恋爱，势必谈婚论嫁。作为男人，养家是林雪怀义不容辞的责任。林雪怀怎么舍得让自己的老婆在外奔波操劳呢？于是林雪怀离开电影界，开了一间酒楼，转战商界。

酒楼开张之初，林雪怀凭借"明星"二字的光环和众多电影界朋友的捧场，生意好过一阵子。但是林雪怀没有经商的能力，既不会精打细算，也不善管理。没过多久，酒楼生意便经营惨淡。林雪怀将自己所有的积蓄都投到了酒楼上，生意惨淡后，他也想方设法地将生意再做起来。林雪怀向人借高利贷，但是酒楼生意还是没有好转，反而欠了一屁股债。当债主到酒楼追债的事情被胡蝶知道后，胡蝶帮林雪怀还清了债务，还出钱让林雪怀的生意得以维持。

林雪怀经商不尽如人意，甚至连欠债都是胡蝶还，这无疑是对他作为一个顶天立地的男人的自尊心不小的打击。而在林雪怀经商每况愈下之时，胡蝶的演艺事业却蒸蒸日上。如此强烈、鲜明的对比，让林雪怀作为男人的自尊心和自信心都受到沉重的打击。尤其是每每听到别人说"他是胡蝶的男朋友"时，林雪怀更有一种被间接否定、沦为陪衬的感受。加上胡蝶忙得不见人，让恋人之间不可能再像以前一样亲密。五光十色的娱乐圈有着无数诱惑，不禁让林雪怀对这段感情还能否继续产生了动摇和怀疑。这一想法更是在胡蝶十九岁生日之时得到印证。

胡蝶十九岁生日当天，林雪怀在自己的酒楼宴请胡蝶家人，并为胡蝶精心准备了生日宴会，希望给胡蝶一个难忘的回忆，继续经营两人的爱情。但是忙于拍片的胡蝶，直到大半夜才赶到。林雪怀闷闷不乐，喝得酩酊大醉，父亲胡少贡也对胡蝶大发雷霆。胡蝶见恋人伤心，父亲震怒，不由得进行一番思考。胡蝶内心清楚，她是想和林雪怀共度此生的。为了让家人放心、恋人安心，胡蝶做了一个出人意料又在情理之中的决定——订婚。

1927年3月22日，胡蝶过完生日一个月之后，胡蝶和林雪怀在上海北四川路上的月宫舞场举办了盛大的订婚仪式。当时上海滩电影界的友人纷纷到场祝贺，愿一对新人白头偕老。订婚仪式上，令胡蝶最诧异的莫过于电影界的龙头老大——明星影片公司的三大负责人张石川、郑正秋和周剑云不请自来。原来,当时的明星影片公司看中了天一影片公司的当家花旦胡蝶。明星影片公司想将极具市场号召力的胡蝶收为麾下。

九、签约实力派的明星影片公司

1928年初,天一影片公司和青年影片公司由于资金和人事变动的问题结束合作。由于天一青年影片公司不复存在,所以,与演员们签定的工作合同也自然无效。这样一来,天一影片公司需要和每个演员重新订立合同,而胡蝶也就趁此机会另谋高就。

1928年3月,胡蝶欣然接受了上海最具实力的电影公司——明星影片公司的邀请,正式签约该公司,成为旗下艺人。在明星影片公司,胡蝶受到力捧,不仅成为公司的当家花旦,还迅速跻身中国电影界一线大腕之列,开启了属于胡蝶自己的电影时代。

延伸阅读:

明星影片公司即明星公司,1922年3月,由张石川、郑正秋、周剑云等人合资,在上海贵州路7号成立。它是中国电影史上最重要的电影制片公司之一。明星公司成立之后由张石川任导演、郑正秋任编剧、周剑云负责财政和发行、郑鹧鸪负责训练演员、张伟涛和汪煦昌负责摄影,阵容强大、实力雄厚。

明星公司成立之初便与其他一味追逐商业利润的电影公司有很大区别。它提倡"补家庭教育暨学校教育之不及"和"明星点点,大放光芒,拨云见雾,启发群盲"的电影理念,注重电影的思想性、艺术性、现实意义和教化功能；强调在电影表演艺术上将西方的现实主义表演和中国传统文化相结合，主张拍"社会问题"片。1923年底，明星公司出品的《孤儿救祖记》是当时国产影片在票房上超越西洋影片的成功典范，也开启了"国产电影运动"的新时代。

明星影片公司在电影艺术之路上的探索远高于天一影片公司，这也符合胡蝶想要进一步提高拍片质量，追求电影艺术价值的自身追求。正如胡蝶自己所说："演员的成功还需取决于影片本身的艺术价值，导演本身的艺术才能和眼光，可说后者是前者的土壤。"如果说天一影片公司是胡蝶成名的助推器，那么在电影艺术上拥有先进理念、创新精神和使命感的明星公司则将胡蝶全力打造成了中国影坛上的第一位电影皇后。

由于胡蝶昔日的老师洪深、郑正秋和高梨痕均在明星影片公司占有一席之地，故而初到明星公司的胡蝶并不觉得陌生。相反的，胡蝶很快熟悉了新东家的环境，并迅速投入电影《白云塔》的拍摄中。

十、与阮玲玉合拍《白云塔》

《白云塔》是胡蝶1928年加入明星公司后拍摄的第一部影片。该片改编自作家陈冷血连载在上海《时报》上的同名热门小说《白云塔》。因为有大量的小说迷作观众基础，所以该片在拍摄过程中，舆论关注度颇高。在这部影片中，胡蝶出演女主角凤子。与胡蝶搭档的是刚进入电影行业不久，明星公司的新晋演员阮玲玉（饰演女二号绿姬）和当红小生朱飞（饰演男主角石斌），主演阵容青春靓丽，引人眼球。

二十岁的胡蝶希望凭借这部电影在人才辈出的明星公司站稳脚

跟，也力求在电影艺术上有更高的成就。因此，胡蝶每天最早到达摄影棚，认真地揣摩故事情节和人物性格，尽力将人物塑造得更加完美。由于胡蝶舍得下功夫，加之人物形象跟胡蝶本身高贵大方的气质相符合，所以胡蝶的演出得心应手、游刃有余。再加上胡蝶擅于处理人际关系，与导演、摄影师、演员们相处颇为融洽，在剧组也深得人心。

在《白云塔》的拍摄中，胡蝶第一次结识了日后与她有"影坛一姐之争"的阮玲玉。阮玲玉不像胡蝶经受过专业的演员培训，加上入行不久，又只擅长悲情戏，故而对于绿姬的狠毒、工于心计并不能完全驾驭，显得有些力不从心。除此之外，与阮玲玉演对手戏的朱飞，仗着自己俊朗帅气的外形，加上又是富商之子，态度不是很认真。朱飞不能很好地引阮玲玉入戏，经常在拍片的过程中惹得阮玲玉笑场，故而导致阮玲玉经常被导演张石川怒骂。在拍摄完影片《白云塔》之后，阮玲玉离开了明星公司。因此，《白云塔》是胡蝶与阮玲玉之间第一次，也是最后一次合作。此后，两人私底下还是朋友，偶尔联系。正如多年后胡蝶回忆影片《白云塔》时所说："这是一部令我毕生难忘的片子，倒不是因为这部片子本身，而是每当想起这部片子，就会想起阮玲玉和发生在她身上的事，感慨万千。"

十一、《火烧红莲寺》中的红姑

1928年夏，影片《白云塔》上映，结果并没有像明星公司预料的那样轰动。相反的，这部影片票房惨淡，还让明星公司陷入了财政困境。因为《白云塔》的制作成本太高，上映后不叫座，没有利润可言，明星公司背负了2万元的贷款。而此时的明星公司，已感到危机四伏。由于明星公司拍摄影片的题材多取自社会现实问题和爱情故事，不断重复的风格也让观众感觉腻味，渐渐受到冷遇。而实力强劲的对手，天一影片公司一贯坚持拍摄娱乐性强的古装片颇受大众喜爱。明星公司在电影市场上的霸主地位逐渐受到动摇，占据的票房份额正在一点一点被天一蚕食。

值此危机时刻，明星公司老板兼导演张石川发现自己儿子成绩下降，是因为沉迷于一部叫《江湖奇侠传》的武侠小说，就对该小说产生了好奇。结果张石川一读《江湖奇侠传》，连自己都被这部武侠小说跌宕起伏的故事情节、眼花缭乱的武功斗法、行侠仗义的豪杰精神和迷幻离奇的江湖武林所吸引。这部小说让张石川看到了商机和拯救明星公司的希望。他断定，若是能将《江湖奇侠传》拍成电影，足以让明星公司赚足票房，并且开启中国武侠片市场。

一开始，重视电影艺术性和思想性的编剧郑正秋在听了张石川想拍《江湖奇侠传》的想法后，坚决反对。但是，想抢回市场的张石川和周剑云都坚持要拍这部武侠片。最后，考虑到明星公司正处于生死存亡的关键时刻，郑正秋只得无奈妥协，同意并亲自将《江湖奇侠传》改编成了电影剧本《火烧红莲寺》。

明星公司倾力打造了《火烧红莲寺》这部影片，不仅动用了该片总预算的1/4搭建了与小说描写中一模一样的红莲寺，还专门请来武术高手担任武术指导，并运用了大量创新特技和特效。1928年底，《火烧红莲寺》上映，结果正如张石川所料，该片一上映就造成了万人空巷的效果，全国各大城市迅速掀起放映该片的热潮。如此一来，明星公司不仅还清了之前的贷款，还重新主导了电影市场。张石川看到了这部武侠片带来的巨大商业利润，想趁着这股武侠热再拍摄《火烧红莲寺》的续集，狠狠地赚一笔。但是拍续集的想法却遭到郑正秋的坚决反对，他拒绝再次改编剧本。最后，张石川亲自操刀，改编出了剧本《火烧红莲寺》的续集。

为了在《火烧红莲寺》第一部的高度上再增加新的亮点和卖点，张石川决定脱离原著，增加一个从来都没有过的角色红姑与剧中女主角侠女甘联珠一起闯荡江湖。张石川对红姑这一角色的定位是身穿一件象征正义的红色外衣，武功深不可测，不需要华丽的招式，举手投足间杀人于无形的冷酷侠女。红姑的形象正好与活泼直爽的另一女主角甘联珠形成鲜明对比。这样一来，续集戏剧冲突性强，很有看点。

很明显，凭借《火烧红莲寺》第一部赚足的超高人气，新增加的红姑这一角色，几乎是一个无论谁来扮演都会红的角色。这样好的一个机会，张石川给了明星公司的当家花旦胡蝶。张石川起用胡蝶来饰演侠女红姑，无疑是送给了胡蝶一个在电影艺术上大胆突破和受人追捧的大好机会。也因此，上海的一些小报，开始传出张石川和胡蝶的绯闻。

胡蝶在拍摄《火烧红莲寺》第二部的同时，还接拍了郑正秋编剧的影片《血泪黄花》。1928年的上海发生了富家小姐黄慧如和仆人陆根英私奔的桃色事件。上海各大报刊对这场门不当户不对、未婚生子的主仆私奔案进行了详尽、持续地报道，一时间社会舆论关注度颇高。退出《火烧红莲寺》剧组的编剧郑正秋根据这一轰动的社会案件精心打造了影片《血泪黄花》。气质高贵的胡蝶被恩师郑正秋任定为扮演女主角富家小姐黄慧如的不二人选。在影片《血泪黄花》中，胡蝶用精湛的演技，将大小姐黄慧如追求爱情的勇气、孤苦无依的苦楚、未婚产子的坚忍和含恨离世的悲凉表现得淋漓尽致。1928年12月7日，该影片在上海中央大戏院公映。由于它倡导自由恋爱，发人深思，所以，该影片上映后，引起强烈轰动，票房极高，好评如潮。

与此同时，《火烧红莲寺》第二部上映，因其剧情让人着迷，电影特技令人称奇，天然与人工混合的选景妙不可言，《火烧红莲寺》续集受到热烈追捧，并在社会上掀起了追捧侠士的狂潮。胡蝶扮演的红姑，更是让一代女侠形象深入人心，很多影迷在见到胡蝶时，直接称呼胡蝶为红姑。

就这样，1928年，加入明星公司的第一年，胡蝶迎来了演艺事业的黄金时代。《血泪黄花》、《火烧红莲寺》第二部，再加上这一时期，大小报刊所刊登的关于胡蝶与老板兼导演张石川的绯闻，让胡蝶在上海滩声名鹊起。此时的胡蝶，已经成为明星公司不可替代的"一姐"。至此之后，胡蝶在1929年和1930年两年内又连续拍摄了《火烧红莲寺》的系列续集，总共拍摄了十七集。

与此同时，她还相继出演了多部社会现实题材的影片：在《爸爸爱妈妈》中胡蝶塑造了离异后独自抚养女儿长大的单亲妈妈；在《爱人的血》中塑造了资助贫困学生、关心学生成长成才的教师韩国英；在电影《女侦探》中饰演正直、勇敢、机敏的女侦探，配合巡捕房探长智擒恶贼，宣扬正义；在电影《碎琴楼》中饰演善良淳朴、重情重义、卖艺不卖身的艺妓红娟；在《桃花湖》中饰演貌美如花、本性善良、知恩图报、造福乡邻的富家女子尹雪黛……每一次新角色的尝试都为胡蝶演艺生涯累积了宝贵的经验；每一次对演技的挑战都体现了胡蝶在表演艺术上的不懈追求。

从1928年至1931年，风靡近四年的十八集系列电影《火烧红莲寺》不仅让胡蝶成为20世纪20年代末至30年代初最红的女影星之一，也让明星公司大放异彩。但是，当大量的电影公司纷纷效仿明星公司

《火烧红莲寺》剧照　　　　　　美目盼兮

《姊妹花》剧照 3

拍摄江湖武侠电影时，一大批粗制滥造的武侠片不断涌现。痴迷于武侠片的观众越来越多，不少已婚男子甚至抛家弃子前往深山老林，寻找隐士高人，拜师学艺。这样的社会负面影响，让国民政府下属电影检查委员会，最终下令查禁了以《火烧红莲寺》为首的众多武侠片。这一股武侠热潮最终从中国内地转移至香港。而明星公司和胡蝶在此期间也备受舆论的谴责，这让明星公司和胡蝶逐渐从喜悦中清醒，认清现实，开始思考新的出路。

十二、中国第一部有声电影《歌女红牡丹》

自从1926年8月6日世界第一部有声短片《唐·璜》在美国上映后，同年12月，上海中央大戏院和百新大戏院开始放映美国好莱坞的若干有声短片，独霸中国电影市场。时代的潮流让"有声"还是"无声"，成了当时中国的电影公司必须回答的一道选择题。

在当时，绝大多数电影公司对待有声电影的态度是保守的。中国首先尝试摄制有声片的是天一影片公司。1930年初，天一公司尝试采用蜡盘配音方法摄制有声短片《钟声》。可惜，7月间一场大火，毁了天一的摄影棚，也毁了还未放映的《钟声》。此时的明星公司选择了"有声"和"无声"并重，策略性地对外宣称继续把重点放在无声片上，暗地里却加紧有声电影的试验，以求一鸣惊人。

1930年夏，明星公司决定倾全力打造有声电影《歌女红牡丹》。该片编剧洪深为了突出"有声"，在题材上选择了京剧女艺人红牡丹的生活和情感故事。在影片的声音部分设计上，明星公司除了录制了演员之间的对白，还录制了当时颇为流行的京剧。让京剧通过大荧幕演唱给观众听，可谓看点十足。

胡蝶，作为明星公司最有发展潜力的女星，又会说国语，自然被该片导演张石川选定为女主角红牡丹的扮演者。演技发挥、角色塑造、人物内心揣摩上并没有让经验丰富的胡蝶觉得有难度。只是片中要求胡蝶唱京剧，完全没有学习过京剧表演的胡蝶还得在拍戏之余，接受明星公司请来的名伶伍月华之子伍凤春的京剧培训。但是京剧讲求的是童子功，即便胡蝶再认真刻苦也没有办法在短时间内取得突破，最后《歌女红牡丹》中的京剧只好从京剧大师梅兰芳的原唱片中转录。

就这样，中国第一部有声影片，经历四次录音失败、耗资十二万元、历时半年，终于在1931年3月15日上映了。《歌女红牡丹》在上海各大戏院连续放映了两个月，轰动整个上海。影迷们欢欣鼓舞，奔走相告："中国电影能说话了！""洋人垄断中国电影市场的时代结束了！"随即，红遍全国的《歌女红牡丹》被菲律宾片商和青年公司分别以一万八千元和一万六千元的高价引进菲律宾和印度尼西亚（当时默片的最高价格仅仅只有两千元）。一经上映，反响火爆，该片和扮演红牡丹的胡蝶迅速蹿红整个南洋地区。

《歌女红牡丹》成为20世纪30年代中国优秀电影的代表作之一，它标志着中国影坛从此进入了有声时代。剧中的女主演胡蝶也成为那个时代的标志性人物之一，奠定了她在中国电影史上的地位。《歌女红牡丹》的成功使胡蝶的艺术生命由默片一直保持到有声片时代，长盛不衰。胡蝶，无疑是际遇很好的一位演员。但是，我们不得不说，际遇的来临，也要本身实力够硬才行。机遇总是垂青那些有准备的人。在当时的女影星中，胡蝶无疑是属于学历较高、会国语、爱岗敬业、专业素质过硬、在电影界为人处世颇佳的优秀演员。或许，我们还可以在胡蝶身上看到一个优秀演员应该奋斗的方向：一是，任何一个优秀的演员都必须在适应时代潮流的同时勇于探索创新；二是，有被世人和历史铭记的经典作品。

十三、与林雪怀解除婚约

人们常说，人的一生在事业、金钱和婚姻上，总是难以完满的。尤其是女人，在事业和婚姻的选择上很难两全。俗话说，做人难，做女人更难，做个有名的女人难上加难。事业运颇佳的胡蝶正是如此。正当胡蝶倾尽全力和明星公司一起打造《歌女红牡丹》时，她也处在和未婚夫林雪怀的感情风波中。胡蝶和林雪怀这对才子佳人的爱情童话，终究敌不过流年和众人的流言蜚语。

自1927年胡蝶和林雪怀订婚之后，两人也曾有过一段甜蜜幸福的美好时光。但是，没过多久，林雪怀的酒楼因经营不善倒闭了。而加入明星公司后的胡蝶，电影事业蒸蒸日上，以至如日中天。在上海滩，胡蝶的名气越来越大，经济收入越来越高，交际应酬也越来越多。胡蝶作为电影界的大明星，自然少不了媒体和公众的关注，经常见报。有不少报刊记者写到胡蝶之所以受明星公司力捧，成为台柱子，是因为搭上了明星公司的老板兼导演张石川。林雪怀知道自己和张石川的差距，变得很不自信，而自己的未婚妻经常上娱乐头条，走到哪儿自己都免不了被人指指点点，面子上很挂不住，人也越来越消极自卑。

为此，林雪怀没有因胡蝶在艺术上的成就而欣喜自豪，反而对胡蝶越来越不满，时不时地冷嘲热讽，毫无缘由地破坏两人之间的信任和感情。胡蝶几乎每天都有拍不完的电影，两人见面的时间越来越少，沟通也就越来越少。经常见不到胡蝶的林雪怀借着胡蝶男朋友的头衔，跟着演艺圈一线小生、富家子弟朱飞常出入娱乐场所买醉求欢。本有愧意的胡蝶知道后也只能暗自伤心，委曲求全。

胡蝶看到林雪怀在事业上失意，整日颓废不堪，便想了一个既不伤林雪怀面子，又让林雪怀有经济基础和社会地位的两全之策——办一个胡蝶百货公司，让林雪怀出任公司总经理。或许是出于自己对林雪怀的愧疚，胡蝶还特意为林雪怀买了一辆时髦的小轿车。不过林雪怀的经商能力确实有限，没过多久，林雪怀便将公司弄得负债累累。如此一来，社会上便有人议论纷纷，很多人笑话林雪怀是胡蝶花大价钱包养的小白脸。女尊男卑的处境让林雪怀的自尊心备受打击。商场上屡战屡败，更让林雪怀的心理处于崩溃边缘。最终，林雪怀以胡蝶私生活不检点为由，托律师向胡蝶寄来了解除婚约的律师信。

胡蝶见信后，只觉一阵天昏地暗。她伤心欲绝地哀求林雪怀，望他能念及多年感情，考虑不解除婚约。但是林雪怀还是决绝地要求解除婚约。无奈之下，伤透心的胡蝶只得面对现实。胡蝶在和家人商量之后，聘请了上海滩著名律师詹纪凤为自己处理解除婚约的官司。由于林雪怀是以胡蝶私生活不检点的名义提出解除婚约，心灰意冷的胡蝶和律师商议后决定，先一纸诉讼把林雪怀告上法庭，要求林雪怀赔偿解除婚约的精神损失，然后偿还两人交往期间所有借贷费用。就这样，这对昔日恩爱的恋人，最终沦为了对簿公堂的仇家。

1931年2月28日，电影明星胡蝶与林雪怀的解除婚约案在上海北浙江路的法庭正式开庭。开庭之日，上海大报小报的记者纷纷到场，将整个法院围得水泄不通，力求得到第一手资料，刊登在第二天报纸的头版头条。结果，在法庭上，胡蝶和林雪怀抛出双方来往的私人信件。这段女明星的感情纠纷最终抛之于众，成为天下丑闻。

一开始，在法庭上，林雪怀只谈解除婚约，决口否认有向胡蝶借款。而此时的胡蝶，也备受舆论的非议，很多小报把胡蝶写成了一个贪慕虚荣、为达目的不择手段的拜金女。

因为收集证据的需要，官司一审再审，历时长达大半年。本就忙于拍戏的胡蝶因此受到大众的关注、舆论的非议、记者的围追堵截，生活完全被打乱，真可谓是焦头烂额、心力交瘁。几经波折，最后，法院判定胡蝶和林雪怀解除婚约关系，林雪怀赔付胡蝶所有欠款和精神损失，合计3158元。胡蝶打赢了这场官司，狠狠地还击了负心郎，也重获了自由。但是她的内心也受到了很大伤害，长时间将一个女明星的私生活公之于众的舆论压力，以及名誉的重创和情感的破裂很可能让她不堪重负。后来的阮玲玉就因"人言可畏"，而选择了自杀。

但是，胡蝶在经历了这场纷争之后，以顽强的毅力，硬着头皮撑了过来，人也变得越发坚韧无畏了。此时的胡蝶，无疑变成了生活的强者。

十四、北平外景拍摄

解除与林雪怀的婚约之后，胡蝶全身心投入电影事业中。1931年，电影《歌女红牡丹》在有声技术上的创新让观众耳目一新，为之轰动。明星公司决定再接再厉，为保持在有声电影市场上的竞争优势，公司派出编剧洪深到美国去购买最先进的有声电影器材，并聘请好莱坞专家来公司作技术指导。与此同时，公司也着力打造着第二部有声电影《自由之花》。

影片《自由之花》讲述了袁世凯为称帝，与日本人秘密协商"二十一条"的卖国行为，引起爱国将领蔡锷的不满。最后，蔡锷在侠妓小凤仙的帮助下，逃离袁世凯的掌控，从北平赶赴云南，组织护国军，讨伐袁世凯，阻止其称帝的历史故事。为了还原历史的真实性，明星公司做出了一个创举，到北平进行外景拍摄。这是中国电影第一次将电影拍摄地从摄影棚内移至室外。也可以看出，近代中国电影人为电影事业所做出的努力。他们的开拓精神与献身事业的巨大热情都值得后人学习。

与此同时，明星公司为了节约资金，决定将胡蝶同时期主演的《啼笑因缘》和《落霞孤鹜》两部无声影片的部分内容，也在北平进行外景拍摄。

就这样，1931年9月初，胡蝶带着姨娘与张石川带领的四十余人的团队一起踏上了北平之旅。来到北平后，胡蝶和大家一起住在明星公司安排的北平东四牌楼附近的王府旧院里。此时的胡蝶可谓身负重担，她要在北平同时完成三个女主角的戏份，包括《自由之花》里的侠妓小凤仙、《啼笑因缘》里的艺人沈凤喜和《落霞孤鹜》里的婢女落霞。在有声电影《自由之花》中，胡蝶要首次尝试在剧中唱曲。为此，她每天清晨要跟着老师练曲。此外，由于《啼笑因缘》和《落霞孤鹜》两部影片均改编自张恨水的两部同名热门小说。所以，在北平拍摄期间，张石川还请来了张恨水给剧组做指导。张恨水亲自给胡蝶分析讲解了自己所创作的小说人物，包括他们生活的环境、思想、兴趣爱好等等，这让胡蝶在人物性格的把握上有了很大提升，在演出时更加得心应手。

张恨水与胡蝶的交流，让胡蝶认识到了一个作家是如何去塑造一个人物的，这让她受益良多。胡蝶意识到一个演员要想将角色塑造得更成功，必须具备更高的知识水平和文化修养，以提高自己的领悟能力和思想境界。只有这样才有可能更准确、更全面地把握所扮演的角

第二章　华语影坛首位影后——胡蝶

与潘有声相识相恋

《啼笑因缘》剧照

《姊妹花》剧照

1935年出席莫斯科国际电影展览会

《狂流》剧照

色。而张恨水在与胡蝶交谈之后，也对胡蝶大加赞赏。他认为胡蝶是一个性格大方爽朗、为人处世十分通达的优秀女演员，"胡（蝶）真情明练达之人哉，言其性格则深沉，机警爽利而有之，如红楼人物相比拟，则十之五六若宝钗，十之二三若袭人，十之一二若晴雯。"

两个多月的北平之行，胡蝶和明星公司同仁们一起完成了《自由之花》《啼笑因缘》和《落霞孤鹜》的外景拍摄。但是在拍摄进入尾声的时候却传来了两个不好的消息。一是，有报纸传出了"九一八"事变当晚，胡蝶和东北军总司令张学良在北平六国饭店跳舞的绯闻，一时间胡蝶处在了社会舆论的风口浪尖，被指责为祸国殃民的红颜祸水。二是，上海的大华影片公司跳出来与明星公司争夺影片《啼笑因缘》的拍摄权。胡蝶和明星公司同时处在了危机时刻。

十五、与张学良跳舞的绯闻

1931年9月18日，日本人炸毁沈阳附近南满铁路柳条湖一段，反诬是中国东北军所为，悍然对中国东北军的驻地北大营和沈阳发动进攻，史称"九一八"事变。事件发生之后，东北军总司令张学良立即致电蒋介石为首的南京国民政府，得到的回复是"沈阳日军行动，可作为地方事件，望力避冲突，以免事态扩大，一切对日交涉，听候中央处理可也"。就这样，面对日军在东北的侵略行径，张学良奉蒋介石之命，采取了暂时的"不抵抗"政策，将部队撤至锦州。

两个月后，小报传出了张学良之所以在"九一八"事变当晚没有对日军立即展开军事行动，是因为忙着和电影明星胡蝶在北平六国饭店跳舞的消息。国难当头之际，当权者不顾国家和民族利益，只顾风花雪月的行径，成为全国舆论口诛笔伐的重点对象。1931年11月

20日，时任广西大学校长的马君武更是在上海《时事新报》上发表了两首打油诗。其中一首："赵四风流朱五狂，翩翩蝴蝶最当行；温柔乡是英雄冢，哪管东师入沈阳"，更是暗讽胡蝶"红颜祸水"。一时间，这首诗在社会上广为流传，胡蝶被推到风口浪尖。

看到大小报刊无中生有的报道，比起之前和林雪怀的官司，有过之而无不及，胡蝶真可谓是百口莫辩，欲哭无泪。对于这桩绯闻，处在旋涡中的两位当事人胡蝶和张学良有着不同的反映。作为政治要人的张学良选择了置之不理。而胡蝶作为一个公众明星，她的衣食父母就是广大观众。面对强大的舆论炮轰，胡蝶和明星公司遭遇了一次前所未有的信誉危机。胡蝶心里很清楚，处理不好，自己就会沦为祸国殃民的罪人，就此断送自己和整个明星公司的前程。为此，胡蝶和明星公司必须一起共同面对，立即出面澄清此事。1931年11月21日、22日连续两天，胡蝶以个人名义在上海最具影响力的报纸《申报》上发表辟谣声明。紧接着与她北上同行的明星公司剧组成员也在张石川的带领下，登报为胡蝶作证，澄清此事。

延伸阅读：

"蝶亦国民一份子也，虽尚未能以颈血溅仇人，岂能于国难当前之时与负守土之责者相与跳舞耶？'商女不知亡国恨'是真狗彘不食者矣。呜呼！暴日欲逐其并吞中国之野心，造谣生事，设想之奇，造事之巧，目的盖欲毁张副司令之名誉，冀阻止其回辽反攻。愿我国人悉烛其奸，而毋遂其借刀杀人之计也。"

——节选自《申报》胡蝶辟谣声明

胡蝶与同行人员都矢口否认在北平拍戏期间与张学良有过接触，

更不会发生胡蝶与张学良一起共舞的事。晚年，胡蝶在回忆录中说自己"与张学良一生都从未见过面，可谓素昧平生"。但是，这一谣言却伴随了胡蝶和张学良一生。对此，胡蝶也只能表示命运弄人。

十六、解救明星公司，结识杜月笙

谁也不曾想到，与震惊全国的胡蝶与张学良共舞事件交织在一起的，还有明星公司拍摄影片《啼笑因缘》的版权官司。我们真不知道，这两件事情发生在同一时间，是巧合，还是共同的人为陷害。

《啼笑因缘》是张恨水的代表作之一，也是1931年全国最畅销的小说之一。趁着小说《啼笑因缘》的热潮和累积的广大人气，明星公司瞅准商机，通过三友书社购得了《啼笑因缘》的演出版权，并立即投入电影拍摄中。为争取更大的利润，张石川还计划将该片拍摄到六集。明星公司对《啼笑因缘》可谓倾巨资打造。当然，看准《啼笑因缘》巨大商业价值的并非只有明星公司一家。正当明星公司忙于在北平拍戏之时，上海北四川路荣记广东大舞台推出了京剧版《啼笑因缘》，由京剧名角刘筱衡和蓉丽娟联袂出演。明星公司听闻此消息之后，立即请公司的法律顾问顾肯夫等人出马，提出警告，要求其立即停止演出。但是荣记广东大舞台是上海的青洪帮大佬黄金荣保护的地盘，怎么可能轻易吃亏呢？碍于黄金荣在上海滩呼风唤雨的势力，明星公司最后只能同意荣记广东大舞台以《戚笑姻缘》继续演出。

但是，明星公司做出妥协没几日，更大的风波来了。上海大华影片公司在上海的几家报刊上同时刊出消息，称大华影片公司已拿到国民政府电影检查委员会签发的《啼笑因缘》的电影摄制许可证，以后任何人不经本公司许可，拍摄影片《啼笑因缘》均属侵权。

这消息一出，让明星公司有些措手不及，因为明星公司确实还没有拿到拍摄该片的摄制许可证。程序上的疏忽，给了竞争对手一个钻空子的机会。这家大华影片公司的幕后老板正是青帮大佬黄金荣。明星公司隐隐约约猜到了自己是得罪了青洪帮，才会"招人摆局"。的确，明星公司这几年的快速发展，也有些树大招风了。当时，无论是哪位大人物、哪家大公司，要想在上海滩生存下去，都必须给上海滩的青洪帮大佬们交保护费。此时的明星公司无疑是被其盯上了。

明星公司已经投入了大量资金在《啼笑因缘》的拍摄中，如果不能上映，公司将血本无归。值此公司的危急时刻，三位主要负责人张石川、郑正秋和周剑云做出决定，将明星公司董事长的位置让给上海滩的另一位青洪帮大佬杜月笙。为了加强与杜月笙的关系，明星公司大打感情牌，派出当家花旦胡蝶认杜月笙为义父。最后，得了不少好处的杜月笙答应出面调停。杜月笙积极邀请黄金荣和大华影片公司的主要负责人协商此事。在杜月笙的帮助下，大华影片公司将《啼笑姻缘》的拍摄许可证，高价转卖给了明星公司。杜月笙的御用律师章士钊随即代表明星公司在上海最有影响力的《新闻报》和《申报》上，重新发表即将上映由胡蝶主演的影片《啼笑因缘》的巨幅广告。

一场围绕《啼笑因缘》拍摄版权的纠纷最终落下帷幕。后来，张石川在一篇文章中写道："《空谷兰》时代我不会忘记，《火烧红莲寺》时代我不会忘记，《啼笑因缘》时代我更不会忘记……"。张石川这句话或许道出了一个电影艺术家、一个电影企业家、一家电影公司要想在当时的中国立足发展是多么不容易。

而此时的胡蝶，本就处在和张学良的绯闻中，已是焦头烂额，但她依然选择和明星公司共同进退。就像明星公司在张学良事件中对她的维护一样，为了明星公司利益，胡蝶结交了上海滩"教父"杜月笙。看似胡蝶牺牲了明星的名誉，与帮派势力攀关系，为众人所不齿，不过纵观整个上海滩，人际关系广、处世手段高，几乎掌控着上海金融、传媒和航运业的杜月笙难道真的对胡蝶没有帮助吗？无论是胡蝶，还是明星公司，在当时的上海，不依靠杜月笙的势力都很难生存下去。后来的女星阮玲玉不就自我了断于报刊媒体的诋毁污蔑之下吗？毫无疑问，杜月笙是胡蝶演艺事业的保护伞。纵横上海滩黑白两道的杜月笙让胡蝶在一定程度上避免了舆论攻击，也让胡蝶避免了被流氓骚扰、勒索的窘况。

十七、开启左翼电影时代

1932年，明星公司本想趁着舆论关注的热乎劲儿，让影片《自由之花》《啼笑因缘》和《落霞孤鹜》大卖特卖，赚点钱挽救明星公司的经济困境。但是，1932年1月28日，日军悍然向上海驻军发起攻击，驻守上海的国民党十九路军奋起抵抗，"一·二八"淞沪会战爆发。同年5月，中日双方才达成《淞沪停战协定》。这期间，上海成为日军攻击的重灾区，举国上下反日情绪逐渐高涨。

国难当头，大家都处在激昂的反日情绪之中，因此，《啼笑因缘》和《落霞孤鹜》两部影片上映后，都反响平平。只有1932年6月上映的影片《自由之花》，获得了较高的票房，因为该片揭露了日本帝国主义赤裸裸的侵华野心。一些进步的文艺工作者逐渐意识到，电影作为一种大众化的艺术形式和传播媒介，这一时期更应该发挥它的宣传抗日功能。上海的左翼作家联盟率先展开了让优秀作家走进电影制作工作中，担任编剧，以推动电影事业进步的行动。

延伸阅读：

左翼作家联盟，简称"左联"，于1930年3月2日在上海中华艺术大学成立。它是以马克思主义文艺理论为指导的进步作家联盟。该联盟提倡文艺工作大众化，即作家的文学作品要为广大劳动人民服务，要多描写社会现实题材的文学作品，真实地反映广大人民群众的生活和表达人民群众的迫切愿望。左翼作家联盟是一个具有鲜明的无产阶级革命性的文学组织，其代表作家有鲁迅、冯乃超、夏衍、郑伯奇、郁达夫、田汉、茅盾等人。

1932年夏，左翼作家夏衍和郑伯奇结识了明星公司的三位负责人张石川、郑正秋和周剑云。面对时局的变化，明星公司作为一家有社会担当的电影公司，作为中国电影界的翘楚，不得不思考时代需要什么样的电影，明星公司未来的路该怎么走的问题。

优秀的电影公司和电影人必须以高度的使命感和责任感创造出具有影响力的、为国家和民众呐喊的爱国主义题材和大众题材电影作品，这是明星公司一贯的电影理念。只是，以前明星公司提倡拍摄的社会题材影片，绝大多数影片将重心放在了上流社会的问题和爱恨情仇上。

最后，张石川、郑正秋和周剑云决定同左翼作家联盟合作，招聘夏衍、郑伯奇等作家到明星公司担任编剧。大家希望共同努力，让电影这种大众化的艺术形式成为启发民众阶级觉悟和爱国意识的媒介。就这样，中国电影产生了历史性巨变，中国左翼电影运动拉开帷幕。

从1932年6月开始，左翼作家联盟和明星公司合作，倾力打造了中国历史上第一部左翼进步电影《狂流》。影片《狂流》以1931年长江流域爆发影响十六省的特大洪灾的真实事件为背景，描述了中国农村的真实面貌和人民群众在灾难中的真实生活情境。该片由左翼纪录片导演程步高执导，左翼作家夏衍任主要编剧，胡蝶、龚稼农、王献斋等明星公司一线演员担纲主演。

对明星公司和胡蝶而言，影片《狂流》是一次全新的尝试。习惯了拍才子佳人故事，扮演大家闺秀、江湖侠女的胡蝶，这次要扮演一个农村姑娘。对胡蝶来说，这是一个新的挑战，同时也给了她艺术生涯更广阔的施展空间和扮演各种女性角色的丰富体验。此时的胡蝶，演技已经十分纯熟，完全能够游刃有余地驾驭她所扮演的角色。

正如电影评论人苏凤对胡蝶在《啼笑因缘》中的演技大加赞赏的那样，苏凤称胡蝶"讲表演，那么，假如有人批评胡蝶说她只是一个'美丽的面具'，尽可以来看看这《啼笑因缘》中的变幻甚多的自然的表情，而相信胡女士的技术的确因经验的增多而有了迅速的进步。在这影片里，她演何丽娜和演凤喜同样的合称，尤其是'发疯'一幕，做得很自然。"

十八、结识青年才俊潘有声

1931年，二十三岁的胡蝶在电影事业上有很多收获，但是在个人情感上却经历了太多风波。1932年，一切看上去转危为安。她跟随明星公司一起开拓左翼电影，成为中国最早参与左翼电影运动的女演员。与此同时，胡蝶将家也从上海北四川路的余庆坊，搬到了虹口西区巨籁达路光华里13号的里弄洋房。此时，她又结交了一位男朋友，就是她后来的丈夫潘有声。

胡蝶和潘有声是在一次宴会中认识的。潘有声是德兴洋行的总经理，性情温和，颇有绅士风度。他见多识广，善于交际，很有生意头脑。他在洋行任总经理之外，自己私下也做一些倒卖生意。因胡蝶的关系，明星公司有些要采购的物品也都由潘有声承办。可以说潘有声虽不敌上海滩的达官贵人，但是也可谓颇有作为的青年才俊。

鉴于之前和林雪怀的感情纠葛，胡蝶在处理她和潘有声的感情问题上显得非常谨慎和低调。从两人开始交往到1935年步入婚姻殿堂，一共经历了近四年时光。四年间，胡蝶一直对外声称潘有声是自己的男友，两人偶尔一起出席一些社交活动，但是并未有订婚的举动。究其原因，一方面，胡蝶可以长时间地考验潘有声是否能够接受自己和自己的演艺事业，也可以花更多时间去观察潘有声是否真心愿意与自己携手人生、白头偕老。另一方面，胡蝶找一个像潘有声这样并非出身豪门，也非权贵的男士做男友，自己可以掌控得了。作为女明星，免不了要应酬，对于一些自己不愿意的应酬，胡蝶可以以"自己已有男朋友"的名义顺理成章地推掉。对于胡蝶来说，和男友潘有声的这种相处方式，可以给自己更多的自由，不受束缚。

十九、荣登"电影皇后"宝座

1933年1月1日，上海滩著名的流行歌曲填词人陈蝶衣创办了娱乐报刊《明星日报》。为了吸引读者，增加报刊销量和迅速扩大《明星日报》的影响力，陈蝶衣想到了一种名利双收的宣传策略。1929年，美国女影星玛丽·皮克福特凭借影片《弄情女子》获得了第二届奥斯卡最佳女演员金像奖，被欧美报刊称之为"电影皇后"。这件事给了陈蝶衣灵感。陈蝶衣与当时《大晶报》创办人冯梦云、《铁报》社长毛子佩商量后，决定仿效欧美，利用报刊，让大众选举中国的"电影皇后"，一来可以"鼓励诸女星之进取心，促进电影之发展"；二来可以吸引大众的关注，起到宣传《明星日报》的作用。为此，《明星日报》联合了上海滩各大电影公司，共同打造了一场持续两个月的"电影皇后"选举盛会。

各大明星公司都推举了公司最有实力的当家花旦，参与这一次民间票选活动。当时，中国最有影响力的三家电影公司：明星影片公司、联华影片公司和天一影片公司，分别推举了自家台柱子胡蝶、阮玲玉和陈玉梅。

从1931年1月1日起，《明星日报》每天都将各位女星的民众选票数据刊登在报纸上，一直到2月28日截止。这可谓是当时上海滩最具话题性的事件。民众纷纷投票，参与此事。报纸上，时高时低的票数变化让无数影迷为之疯狂。

2月28日投票截止。当天晚上《明星日报》邀请了四十多位上海名流，在北京路大加利莱社揭晓票选结果。最后，明星公司的胡蝶得21334票，天一公司的陈玉梅得10028票，联华公司的阮玲玉得7290票。胡蝶力压群芳，高票当选"电影皇后"。这无疑是刚满二十五岁的胡蝶得到的最好的生日礼物。她成了中国历史上第一位影后。

在电影皇后诞生后，《明星日报》再接再厉，又为胡蝶举行了一次盛大的"影后加冕典礼"。此时的胡蝶既高兴又惶恐。鉴于此前自己传出与张学良司令在国难当头之日共舞的谣言，一直背负着"红颜祸水"骂名的胡蝶，更要借此机会，表达自己的爱国之心。最后，经各方商议和谋划，《明星日报》决定将杜月笙等大亨在上海商界发起的为"航空救国"筹款的公益活动和庆祝胡蝶当选"电影皇后"的活动安排在一起。

第二章 华语影坛首位影后——胡蝶

1933年3月28日，《明星日报》在上海的大沪跳舞场，举行"航空救国游艺茶舞大会"和"庆祝胡蝶女士当选电影皇后"活动。筹委会将当天活动筹得的所有参会门票收入、舞票收入和临时捐款所得，全部登报公布，捐助给南京国民政府航空救国协会。

胡蝶为表感谢，特意请上海著名的作曲家任光和填词人安娥为自己创作了一首歌曲《最后一曲》。在这次茶舞大会上，胡蝶倾情献唱这首能表达自己心声的歌曲。

亲爱的先生，感谢你殷情，恕我心不宁，神不静。这是我最后一声。你对着这绿酒红灯，也想到东北的怨鬼悲鸣？莫待明朝国破恨永存，先生，今宵红楼梦未惊！看四海沸腾，准备着冲锋陷阵。我不能和你婆娑舞沉沦，再会吧，我的先生！我们得要战争，战争里解放我们。拼得鲜血染遍大地，为着民族争最后光明！

——《最后一曲》歌词

这首歌曲的歌词很好地表达了胡蝶在民族危亡之际的爱国之心。胡蝶也借此来澄清自己与张学良跳舞的谣言，抚平自己当选中国影后的忐忑。

《明星日报》因成功举办"电影皇后"的选举活动，吸引了大众的关注，一跃成为上海滩最有影响力的娱乐报纸，也被尊为中国最早的专业娱乐报纸。其实，胡蝶当选"电影皇后"，背后也不乏质疑。有人爆料说评选背后黑幕重重，还找来了很多其他女星的粉丝诋毁胡蝶，一些女明星私下也对胡蝶不满。时过境迁，我们早已无法得知当年事情的真相。争议与荣誉共同存在于胡蝶身上，正是体现了一个娱乐圈红人的宿命，所谓人红是非多。晚年的胡蝶回忆起自己当选中国第一位影后的事，称它像"一个游戏之举"，颇为淡然地看待当时的荣誉。

  无论如何，胡蝶又在中国电影史上留下了浓墨重彩的一笔。"电影皇后"的头衔，褒奖的不仅仅是胡蝶一位女演员，也包括培养她的明星公司和幕后的诸如张石川、郑正秋、洪深、周剑云等优秀电影人。这个荣誉正是褒奖他们在电影事业上的不懈追求；褒奖他们走在电影时代的前沿，进行的一个又一个大胆创新尝试；褒奖那一代电影人的艺术责任感和使命感；褒奖那一代优秀电影人矢志不渝的爱国情怀和勇于担当的献身精神。

  此时的胡蝶声名更甚从前了。名誉的提高给胡蝶带来了巨大的经济利益。明星公司将她的月薪增至2000元左右。许多商家更是看准时机，请影后胡蝶担任公司商品的形象代言人。就这样，在《明星日报》创新理念的推动下，胡蝶又成为一些商家推广新产品的宣传手，开启了明星代言商品，进行广告宣传的新模式。上海的福昌香烟公司推出了"胡蝶女士"香烟，中西大药房推出了"明星胡蝶"花露水，冠生园食品店推出了"胡蝶女士爱吃"的巧克力糖……

二十、以《姊妹花》为代表的系列左翼影片

  1933年3月5日，影片《狂流》在上海公映之后，受到业界人士的好评和观众的喜爱。《狂流》被视为左翼电影的开山之作，也被视为明星公司和胡蝶的转型之作。不久，由明星公司"三剑客"张石川、郑正秋、周剑云与左翼作家联盟的几位作家代表组成的中国电影文化协会在上海成立。胡蝶被选任为该协会的执行委员之一。胡蝶成为加入该协会的唯一一位女性委员。此项殊荣无疑表明，这时的影后胡蝶已经不再是一个单纯的演员，更是一个有社会责任感和担当精神

的优秀电影人了。此后，走在电影时代最前沿的明星公司和胡蝶决定再接再厉，继续打造更多反映社会大众生活题材和爱国题材的进步影片。

继影片《狂流》之后，胡蝶分别又主演了由张石川和郑正秋导演的左翼电影《脂粉市场》和《春水情波》。两部影片上映后，都获得了观众的认可。转型成功之后，明星公司决定倾力打造一部具有轰动效应的左翼影片，将左翼电影运动推向高潮。于是，1933年底，明星公司精心打造了影片《姊妹花》。

影片《姊妹花》是郑正秋根据自己早年创作的舞台剧《贵人与犯人》改编而成。为了追求艺术高度的完美，郑正秋不惜拖着病体亲自担任导演。这部影片成为郑正秋导演的最后一部影片，也是胡蝶最优秀的一部影片。《姊妹花》讲述了一对孪生姐妹大宝和二宝，因年幼时父亲犯案逃亡，故大宝和二宝分别随父母生活。大宝和母亲留在乡下，过着艰苦的生活，直到十几年后，农村没落，大宝和丈夫带着母亲来城里打拼。二宝随父亲逃亡进城，长大后经父亲算计，嫁给了一位军阀，成了姨太太，过着骄奢淫逸的日子。巧合之下，朴实坚强的大宝到了二宝所在的军阀家当保姆，结果受尽骄横的姨太太二宝欺凌，最后才得知两人是亲姐妹的故事。

胡蝶在《姊妹花》中再次挑起大梁，首次尝试一人分饰性格、命运和生活方式迥异的两位女主角——姐姐大宝和妹妹二宝。影片中双胞胎姐妹的不同遭遇反映了中国20世纪30年代最真实的社会状况和阶级矛盾。整部影片以"我们穷人"和"你们有钱人的"对白奠定了阶级对立思想。

影片情节安排充满巧合，贫富善恶对比鲜明，关键场次煽情动人，主要创作人员精益求精，主演胡蝶更是凭借纯熟的演技在不同的角色中游刃有余。故而电影上映之后，受到广大观众的热烈欢迎，在各大影院连映两个多月。后来，该片又在东南亚、日本、西欧诸国上映，也大获好评。

《姊妹花》这部影片既展现了胡蝶炉火纯青的演技，也证实了胡蝶"电影皇后"的荣誉实至名归。大红大紫的胡蝶继续成为商家竞相追逐的对象，不少商家重金聘请胡蝶为商品代言。其中，中国肥皂公司也发起了一次"力士香皂电影明星竞选"活动，结果胡蝶名列第一。1934年，在福新烟草公司发起的"中国电影皇后竞选"中，胡蝶再次夺魁。

鉴于《姊妹花》上映的火爆程度，明星公司于1934年拍摄《姊妹花》的续集《再生花》。恰好，1933年，影片《自由之花》被中国教育电影协会评为优秀影片。《自由之花》被受业界认可，让明星公司将一部分重心投入系列爱国战争题材的电影拍摄中。因此，1934年，明星公司又相继推出了由胡蝶参与主演的反日爱国题材影片《三姐妹》《路柳墙花》《麦夫人》《美人心》等，都获得了不错的票房成绩。这些进步影片也为宣传抗日和凝聚中华儿女的爱国心起到了巨大的作用。

胡蝶，在影坛上成熟起来的她，受明星公司优秀的导演、编剧们的影响，受左翼作家的感染，在电影事业上越来越成熟自信。此时此刻，在她身上越发体现出一种高贵的艺术家气质，即一个艺术家的社会责任感和为国为民的奉献精神。作为影后的她逐渐体悟到了什么是优秀的电影作品。真正优秀的电影对于观众而言，既是一种娱乐消遣的生活方式，更是一种要在娱乐中唤起观众心灵共鸣，让观众有所思考、体悟，并起到宣传教化作用的大众传播媒介。

第二章　华语影坛首位影后——胡蝶　　　　　　　　　　　　93

影星胡蝶牌香皂　　　　　　　　　　　影星胡蝶牌香皂
　　　　　　　　　　　　　　　　　　广告

《啼笑姻缘》剧照

二十一、参加莫斯科国际影展与欧洲之旅

1935年初,明星公司接到来自苏联电影展览会的一份邀请函。1935年2月21日至3月2日将在苏联莫斯科举办国际电影展览会,特邀中国电影界重要人士前去参加。

虽然好莱坞被公认为真正的电影梦工厂,但是电影艺术的圣地却在欧洲。当时苏联以爱森斯坦为代表的电影界先驱开创了蒙太奇电影理论更是经左翼电影工作者的介绍传入中国。明星公司作为中国左翼电影的前沿阵地,成功地吸收了这些理论,运用于电影制作中。有着这层渊源,出席莫斯科电影展览会被视为明星公司一件重要的对外电影交流活动。当然,更重要的意义则在于,这是中国电影界第一次被正式邀请参加国际电影节。

胡蝶,作为明星公司的当家花旦、中国的电影皇后、左翼电影的重要演员,收到一封来自苏联电影展览会的特别邀请函。胡蝶成为中国唯一一位受到邀请的演员代表。她与明星公司电影发行人周剑云、摄影师颜鹤鸣、翻译孙桂籍、联华电影公司制片人陶伯逊、编剧余一清、导演黄谦七位人士组成中国电影代表团前往苏联参加这次盛会。包括胡蝶主演的《姊妹花》和《空谷兰》在内的八部国产影片,作为优秀国产电影代表被推荐参加此次电影节的展映。处于事业顶峰的胡蝶也非常需要这样一个机会去充实自己,增长见闻。她还肩负着向西方宣传中国电影的责任。

1935年2月21日,胡蝶、周剑云夫妇等人在中国驻苏联大使颜惠庆的带领下,乘坐"北方号"邮船从上海起航赶赴苏联。尽管他们耐着酷寒,一路加速前行,但是当胡蝶一行人到达莫斯科的时候,却发现电影展已经在十天前闭幕了。他们带去的明星公司的三部影片没有参

与到任何奖项的角逐。

出于友好交流和弥补，苏联对外影片贸易局安排胡蝶、周剑云等中国电影人参观了著名的莫斯科电影制片厂和电影学校，观摩了许多优秀的电影作品。

胡蝶认真地学习了苏联电影艺术的精髓，同时也不忘展示中国电影的魅力。3月24日，明星公司重头戏《姊妹花》在苏联电影院放映。苏联电影事业总管理处处长密苏斯基和对外影片贸易局长乌善也维奇作为东道主亲自出席，并力邀莫斯科的电影界人士参加。两个小时的放映结束后，影院响起了雷鸣般的掌声。胡蝶忐忑的心，终于有了欣慰，这些掌声正是对中国电影艺术的认同与鼓励。

本人从前在欧洲，也看过许多西方人所摄制的中国影片，在这些影片中，对于中国总加上许多曲解，并且所出演的中国人，总是代表下流的角色的，所以本人那时候就想：中国恐怕是毫无电影事业可言吧，以至最近看到真正的中国电影，才觉得中国的电影片，不仅是摄制的技术好，就是表演也非常的好，何况表演《姊妹花》的主角胡蝶女士就在眼前呢！所以本人以为电影确是促进民族了解的最好的工具。

——苏联著名导演杜甫仁科

电影正表现出两种新的倾向，一是电影的基础须根植在民众的立场上；一是电影的内容须偏重写实，本人从这几天所看的中国影片来判断，中国的影片即具有这两种倾向，所以本人说，中国的电影事业，其前途是不可限量的。

——苏联电影事业总管理处处长密苏斯基

胡蝶和其他几位中国电影人带去苏联的不只是中国电影艺术的魅力，出入于各种场合之时，胡蝶更展现了东方女性的魅力与智慧。一身旗袍的胡蝶向苏联人民展示了新时代追求优美与自信的中国女性面貌。随着《姊妹花》《空谷兰》等影片在苏联的放映，胡蝶更是受到苏联影迷的热捧。莫斯科的各大报纸登载了中国电影皇后胡蝶的新闻及照片。

苏联人民对中国电影的认同，极大地鼓舞了胡蝶、周剑云等人。胡蝶和周剑云有了想让更多欧洲人见识中国电影魅力的想法。最后，周剑云和胡蝶不顾张石川发来的催促他们快速回国的电报，毅然决定做一个文化使者，向更多的欧洲电影人学习，并推广中国电影。周剑云和胡蝶希望在中西方电影文化的切磋交流中碰撞出新的火花。

离开莫斯科的胡蝶、周剑云一行人，首先乘火车到了德国柏林。他们参观了德国最大的制片公司乌发公司。实力雄厚的乌发公司的室内摄影设施布局新奇巧妙，就连远在中国的城市布景也可以惟妙惟肖地出现在拍摄现场，这让胡蝶惊叹不已。此外，他们受到当地举办的国际电影节开幕式的邀请。

之后，他们前往浪漫之都法国巴黎。中国的电影皇后胡蝶要到巴黎的消息让无数华侨大为兴奋。《姊妹花》和《空谷兰》相继在巴黎的华侨界放映，反响极佳。之后，周剑云决定面向巴黎的新闻界和电影艺术人士再次放映《姊妹花》和《空谷兰》。法国人第一次见识到中国还有这样优秀的电影。

中国电影和电影明星在德国和法国相继亮相，让欧洲媒体对这新鲜事颇为好奇。受中国驻英大使郭泰祺邀请，胡蝶一行人又前往英国伦敦。刚到伦敦胡蝶便遭到媒体的热烈追捧。在伦敦期间，胡蝶一行人访问了号称"英国好莱坞"的大英国际公司和高蒙公司。胡蝶对当时英国演员有替身完成高难度的特技动作这一亮点大为吃惊。为求真实，在拍摄《火烧红莲寺》的时候，红姑的腾云驾雾、舞刀弄枪都是胡蝶亲力亲为。

匆匆离开伦敦之后,胡蝶一行人再次回到巴黎,转而前往瑞士的日内瓦,最后到达意大利罗马。在参观意大利制片厂的时候,胡蝶非常羡慕演员有自己的专业化妆师。因为在中国,胡蝶作为明星公司的台柱子,化妆也是自己动手。

结束了罗马的行程之后,胡蝶一行人于6月12日乘坐"康脱罗素号"轮船启程回国。1935年7月4日,胡蝶一行抵达香港。在香港,他们停留了两天,稍事休息。胡蝶受到香港各界的热烈欢迎。之后,胡蝶一行人又乘坐"麦坚尼总统号"于7月8日回到上海。

明星公司为胡蝶一行的归来精心组织了盛大的欢迎仪式。明星公司全体演员拉着横幅早早地等候在码头。除此之外,上海的知名报刊纷纷派记者在此等候,力求拍到影后归来的风采。不久之后,良友出版公司的《胡蝶女士欧游杂记》和上海艺声出版社的《胡蝶女士旅欧纪念册》相继问世,将胡蝶和中国电影界这一历史性的时刻永久地保存了下来。

欧洲之行的意义对于胡蝶来说,既是一次领略欧洲各地美景、见识异国他乡人文风情的旅行,更是一次触动视觉、听觉和心灵的艺术之旅。它不仅让胡蝶认识到中国电影和欧洲电影的差距,也让她震撼于西方电影的先进与精彩纷呈,同时也让欧洲人第一次真实、近距离地认识和了解了中国电影。胡蝶明艳灿烂的东方美、举止优雅的谈吐、处世的机智大气更是向西方人展示了中国电影人的风采。这次中国电影人的欧洲之旅更体现出中国电影艺术家为传播中国电影艺术的不懈努力。他们用自己的亲力亲为诠释了"艺术"无国界的理念。

二十二、与潘有声结婚,淡出影坛

胡蝶从欧洲回来后只休息了一个星期,就投入到电影的拍摄工作中。胡蝶认为此时的自己应该"用我的生活经验,用我游历所得的知识,再加以诚恳的努力,使自己的演技能有一个新的台阶。"胡蝶明白,已经是影后的自己,要不断超越自己,创造更高的辉煌,才能满足观众和业内人士更高的期待和要求。

而胡蝶此时此刻的内心是非常难过的。在欧洲,昔日共同成长的演艺同仁、影星阮林玉自杀身亡,让胡蝶颇为感慨。没过多久,胡蝶在从欧洲返回上海前后,在她生命中出现过的两个很重要的男人也相继因病去世。1935年6月,胡蝶的"初恋仇人"林雪怀病逝。各路小报记者再次将1931年两人订婚解约官司翻出来"热炒"。有人指责胡蝶薄情寡义,为了金钱,将曾经的爱人逼上绝境;有人猜测电影皇后胡蝶不会下嫁给无权无势的潘有声;有人更直接议论胡蝶一直在利用潘有声,拿潘有声当挡箭牌……铺天盖地的舆论报道让胡蝶内心十分低落。面对前夫突然的病逝,即便两人之前有再多的仇怨,此时此刻,胡蝶也显得难以承受。

1935年7月16日,明星公司编剧,胡蝶的恩师郑正秋因过度操劳,突发心脏病而死。郑正秋是胡蝶在电影艺术道路上最重要的引路人之一,他的离世对胡蝶而言如同一个晴天霹雳。郑正秋一直以自己在电影事业上的艺术追求和电影人的使命感、责任感,从思想到行动感染着胡蝶。一部由郑正秋亲自导演和编剧的《姊妹花》更是将胡蝶在电影事业上的艺术追求推向顶峰。归国之后的胡蝶急需将在欧洲关于电影的所见所闻所感与郑正秋分享,以期待碰撞出新思想。无奈,恩师突然离世,还有谁能在电影艺术的道路上鼓励自己前行呢?还有谁能

第二章 华语影坛首位影后——胡蝶

《胭脂泪》剧照 　　《某夫人》剧照

《绝代佳人》剧照 　　与潘有声的结婚照

帮助自己在电影艺术上再铸辉煌呢？

在事业之路上，心灵受到重创的胡蝶，此时又接到了一个噩耗。胡蝶的父亲胡少贡查出身患癌症，并且已经到了晚期。一边是，更高的事业期待，一边却是身边人的纷纷离世。胡蝶到底是要继续打拼事业，还是该放慢脚步，享受生活本身？好强、爱打拼的胡蝶再也扛不住精神上的悲痛。在拍摄左翼影片《夜来香》和《劫后桃花》之际，胡蝶做出了和男友潘有声结婚，淡出影坛的决定。

1935年11月23日，27岁的胡蝶和相恋多年的男友潘有声走进了婚姻的殿堂。他们在上海九江路江西路口的圣三一教堂举办了婚礼。这是1935年轰动全国的一件大事。明星公司像嫁女儿一样，操办了整个婚礼，并为胡蝶拍摄了婚礼纪录片，明星公司董事之一杜月笙亲自为义女胡蝶当证婚人。众多亲友到场祝贺这对新人，大批影迷和记者更是将整个圣三一教堂门口围堵得水泄不通。

在大多数人的眼中，电影皇后胡蝶嫁给了潘有声这样的小商人是不可思议的。不过，静下心来细想，胡蝶的选择，又何尝不是明智的？她选择了一种能握在手心里的平凡与幸福。年近而立之年的胡蝶从阮玲玉的死中，深刻地感受到娱乐圈流言蜚语的杀人于无形。恩师郑正秋的辞世和父亲的病重，让胡蝶清醒地认识到自己除了事业，还应该花更多的时间和亲人相处。从1925年出道至今，已经辛苦打拼了十年时间的胡蝶，已经取得了辉煌的成就，她是时候该考虑休息一下了。她也需要将更多的机会留给电影界的后起之秀，让她们有更多的机会去实现自己的梦想，为中国电影业做出贡献。急流勇退未必不能留下背后的繁华，得陇望蜀未必会守得云开见月明。

胡蝶身上还是继承了中国传统女性结婚生子、相夫教子的人生理想。结婚和将重心转移到家庭生活，做一个贤妻良母，对胡蝶来说，或许是最好的选择。这桩婚姻完成了父亲胡少贡最后的愿望，回击了舆论的中伤，让胡蝶与多年守护自己、理解自己的爱人携手人生。

婚后的胡蝶与明星公司达成协议，一年只拍一部电影，偶尔在银幕上活跃。1936年，按照与老东家明星公司的合同，胡蝶拍摄了1936年的唯一一部影片《永远的微笑》。这是她和明星公司合作近十年来的最后一部电影。1937年夏，日本策划的全面侵华战争打响了。胡蝶和整个明星公司的命运，因这场侵略战争而改变。

二十三、抗战爆发，辗转香港

1937年7月7日，日本侵略者制造了卢沟桥事变，全面侵华战争爆发。日本侵略者扬言要三个月灭亡中国，离国民政府首都南京距离最近的中国第一大都市、金融中心上海，成为日军进攻的首选目标。8月13日，日军发动了对上海的进攻。到11月12日，日军已经占领了上海。在此期间，明星公司遭受重创——拍摄总厂被日军炸毁。整个上海的电影业也几乎陷入停滞状态。

在上海，几乎所有电影人的命运都被这场战争改变。明星公司被日军毁掉后，世易时移，张石川留在已成为孤岛的上海，加入国华电影公司，出任导演。而此时的胡蝶，鉴于丈夫潘有声在洋行做事的经历，决定夫唱妇随，带着母亲随潘有声一起南下到相对和平、洋行林立的香港谋生。此时的香港，也是一个电影事业较发达的地方。由于国内的战争导致大量的文化名人辗转至香港。香港成为继上海之后的又一个文化中心。

胡蝶和潘有声在香港度过了四年平静幸福的生活，生养了一双儿女。潘有声继续在香港的洋行里做事。本就在广东生活过一段时间的胡蝶很快适应了在香港的生活，练就了一口纯正的粤语。1938年，胡蝶应香港新华影片公司邀请，拍摄了由曾经的上海联华影片公司著名导演吴永刚执导的影片《胭脂泪》。1940年和1941年又拍摄了《绝代佳人》和《孔雀东南飞》两部古装大戏。

如果没有战争，胡蝶应当是一个幸福的家庭妇女和快乐的母亲，并且能够在闲暇之余拍自己喜爱的影片，继续活跃在银幕上，过着她自己结婚时，计划好的理想生活。但是，日本人想要征服整个亚洲继而争霸世界的侵略战争，把胡蝶小小的生活愿景，击得粉碎。

1941年12月7日，日军偷袭了美国在太平洋珍珠港的军事基地。愤怒的美国对日宣战，不久后，英国、苏联等国家相继对日宣战。1941年12月25日，气焰嚣张的日本军队占领了香港。日本人占领香港后，出于政治上的考虑，有意拉拢当地有声望和地位的华人。当日本人得知中国的影后、名响东南亚的胡蝶也在香港后，日本政府立即派出特务找上胡蝶，并以日本影迷想目睹影后风采为由，力邀胡蝶参与拍摄纪录片《胡蝶游东京》。胡蝶知道，日本人是想让自己成为"中日亲善"和日本构建"大东亚共荣圈"政策的宣传人。

胡蝶，作为一个优秀的电影人和一个有国格的艺术家，怎么能做出背叛国家和民族的事，成为亲日的汉奸和卖国贼？在民族大义问题上绝不含糊的胡蝶，意识到问题的严重性。面对日本人的威逼利诱，胡蝶先借口自己怀孕，拖延时间。然后，胡蝶让丈夫潘有声秘密联系上了中共领导的广东省人民抗日游击队东汉纵队港九大队。当游击队得知电影皇后胡蝶拒绝与日本人合作的大义之举后，游击队决定大力协助胡蝶一家离开香港，辗转内地。

延伸阅读：

悲哀于苦难的中华民族自清末朝政腐败，引起各帝国主义侵华，建立民国以后又是军阀混战，现在日本帝国主义的铁蹄践踏着我国的大好河山，这种心情由悲哀转为愤怒。有声也和我说，香港终非久居之地，作为中国人不能远离故土，特别是在这民族危亡的时刻。

——《胡蝶回忆录》

二十四、避难至重庆，痛失毕生积蓄

经过一番精心的策划，1942年8月27日，在游击队员黄冠芳等人的护送下，胡蝶与丈夫潘有声带着胡母和一双年幼的儿女离开了香港，准备前往战时陪都重庆。她们先逃难至广东省北部的曲江，当时的曲江是广东省政府的战时驻地。影后胡蝶不屑与日本人为伍，避难至此的消息极大地振奋人心。胡蝶在曲江召开了记者招待会。她向各界表明："我虽然只是一个演员，但在这民族大难的时刻，我很清楚我所应该选择的道路。"鉴于胡蝶的义举和考虑到胡蝶身上所带财物有限，国民政府派代表送来2万元的法币。胡蝶委婉谢绝，并请用这笔钱帮助有需要的难民。

不久，胡蝶一家离开曲江，继续向重庆出发。但是在逃亡至桂林时，胡蝶却得到了一个让她经受不住的坏消息，为之大病一场。原本，胡蝶在离开香港逃亡至广东时，将自己毕生打拼的积蓄，三十多箱行李托付给了"国际难民救济总署"的毛芝英和杨惠敏运往重庆。结果，却得到行李在广西一带被人劫持，行李全部丢失的噩耗。

这三十多箱行李是胡蝶辛辛苦苦打拼十年，积蓄的全部财富，包括胡蝶置办的戏服、首饰、裘皮大衣、法国香水、德国皮鞋以及在欧洲访游期间各国友人赠送的纪念品。对于胡蝶而言，这不仅关系着一家人将来的生计，也关系到胡蝶关于电影不可复制的美好回忆。

这一次逃亡，让胡蝶陷入了人生中最悲惨的境地。

二十五、被戴笠霸占

1943年底，胡蝶一家人带着极为难过和忐忑的心情来到了重庆。到重庆之后，自身携带财物已经所剩无几的胡蝶和家人投奔了好友林芷茗和杨虎夫妇。胡蝶希望曾经担任上海警备司令的杨虎，能够帮自己找回被劫的财物。但是，杨虎来到重庆后，因得罪了蒋介石，正赋闲在家。

杨虎想到了通过掌握着国民政府特务机构的军统局副局长戴笠，来帮忙调查处理此事。其实，杨虎夫妇对于胡蝶的到来，心中另有盘算。他们希望将胡蝶这位大众情人引荐给对她垂涎已久的戴笠。借此机会，杨虎可以好好地拍一拍戴笠的马屁，让其在蒋介石面前为自己说些好话。

早年在南京政府情报科任职时的戴笠就是胡蝶的铁杆影迷。1938年5月，戴笠被蒋介石提拔为军统局副局长。而此时在重庆的戴笠已经混得风生水起。他不仅是手握生杀大权的军统局副局长，更深得蒋介石的倚重，可谓是其左膀右臂。同在重庆的杜月笙，也都要尊重他三分。

于是，杨虎夫妇别有用心地将胡蝶夫妇留在家中做客，并立即告知了戴笠。戴笠私底下也是一个情场老手，风流韵事多不胜数。不管是下属的妻子、自己的侄女、女佣，还是自己培养的军统女特务；不管是主动送上门的，还是被自己相中的，无疑都是他的猎物。自己早年的梦中情人来到自己的地盘，岂能放过。

戴笠得知胡蝶的财物被劫之后，立即吩咐杨虎审查杨惠敏，弄清楚财物被劫的始末，同时让胡蝶列出被劫财物清单。当戴笠手下侦查得知，胡蝶财物是东江大盗王虎所劫后，戴笠又立即派人前去追回。不能追回的，戴笠还按胡蝶列出的清单，四处托人购买一模一样的，只为博得美人欢心。

与此同时，戴笠把胡蝶一家安置在中山路151号公馆。这里有衣食住行的各种物品以及大批勤杂、服务人员，可谓一应俱全，且免费供给胡蝶一家享用。接下来，为胡蝶提供了许多帮助的戴笠开始"收网"。戴笠知道自己要想将胡蝶据为己有，胡蝶的丈夫潘有声就是最大的障碍。为了越过这个障碍，戴笠利用手中权力，为潘有声谋取了一个财政部专员的肥缺，派他赴昆明就任。此时势单力薄的潘有声只能到外面去做官。

支走潘有声后，戴笠又将胡蝶安置在位于重庆沙坪坝歌乐山的"神仙洞"公馆。沙坪坝歌乐山本是国民政府的禁地，这里有军统局的两个最大的监狱——渣滓洞和白公馆。胡蝶住进公馆后，几乎就和外界失去了联系，开始了和戴笠秘密的同居关系。而潘有声在云南鞭长莫及，偶尔返回重庆家中的潘有声，也找不到胡蝶，求见戴笠也不得。

直到抗战胜利后，国民政府从重庆迁回南京，国民党的军政要人也陆陆续续迁回南京。而此时的戴笠，所掌握的军统势力已经是极度膨胀，连蒋介石也开始有所忌惮。1946年3月17日，戴笠乘坐专机前往南京拜见蒋介石。因天气原因，飞机在上海和南京相继无法降落，最后飞机突然失控，撞上南京附近的岱山，戴笠当场死亡。他与胡蝶的关系就此作罢。

有夫之妇的胡蝶与戴笠的情人关系在当时的重庆官场早已是公开的秘密。在戴笠活着的时候，迫于其淫威，世人不敢说什么，但是戴笠死后，胡蝶就成为众矢之的。所以在戴笠死后，重获自由的胡蝶和丈夫潘有声带着家人一起离开了重庆，秘密前往香港定居。

戴笠霸占胡蝶的两年时间里，胡蝶过的是怎样的一种生活？随着当事人的过世，我们已经无从得知。但是，戴笠在处事上谋略深沉、手腕狠绝也是他周围的人所熟知的。戴笠想在仕途上步步高升，为了和达官贵人攀关系，曾经训练了不少女特务，成为他公关中的一枚棋子。若论最好的"美人计"，谁能比得上电影皇后胡蝶呢？若戴笠再以"爱"的名义，并用潘有声和孩子的性命相要挟，为人妻为人母的胡蝶能不妥协吗？这样也就不难理解胡蝶在回忆录里为何决口不提戴笠此人，也不难理解潘有声为何会对胡蝶始终不离不弃了。

二十六、重返香港，丈夫潘有声去世

结束噩梦的胡蝶和丈夫潘有声在香港，开始了艰难的打拼。凭借两人之前在香港累积的人脉和胡蝶"电影皇后"头衔的光环，他们重新开展商务活动，筹资创办了兴华洋行，并打造了"蝴蝶牌"系列热水瓶。胡蝶时常配合丈夫潘有声，穿梭于各种商务应酬与社交活动，艰难创业。但是，她始终热爱着电影。当胡蝶接到香港大中华影业公司和长城影业公司邀请时，她还是毅然地参演了《某夫人》《春之梦》和《锦绣天堂》三部影片。在战争结束之后，还能重回荧幕，让胡蝶满心欢喜，心存感激。

但是，对"靠吃青春饭"的影坛来说，已经年过四十的胡蝶，适合她扮演女主角的戏越来越少。意识到这一点的胡蝶，也慢慢地将重

第二章 华语影坛首位影后——胡蝶 107

《锦绣天堂》剧照　　《后门》剧照

于右任及其诗歌名篇《望大陆》　　胡蝶，飞走了

心转移到家庭上来，安心做好贤内助，为潘有声分忧。1949年，拍完《锦绣天堂》后，胡蝶宣布告别影坛。

夫唱妇随的胡蝶，小日子过得幸福甜蜜、平静富足。那些曾经属于胡蝶的荣耀、屈辱、流言蜚语，早已在时间和生活的打磨中消散。胡蝶现在的生活便是最真实的拥有。

不贪恋虚荣的胡蝶本以为可以这样回归平凡和幸福的生活，但是1952年，潘有声患肝癌晚期的噩耗将美好的一切无情地击碎了。死神迅速地夺走了潘有声的生命。

当胡蝶整理潘有声遗物时，发现了一封潘有声留下的遗书。信中，潘有声自责自己没能陪胡蝶一生一世，徒留给她余生的孤独寂寞；懊恼自己是个没有本事的男人，没有给她很好的保护，让她饱受辛酸和屈辱……此时的胡蝶想到昔日潘有声默默地陪伴、无悔地付出，婚前对自己事业的那份支持、那份理解让自己可以没有顾虑地投身自己最爱的电影事业；婚后的相濡以沫、携手而行，经历战乱、分离，终于守得云开见月明。但是，仿佛天不怜见，命运无情地带走了胡蝶生命中最重要的人，生活再不见欢乐和生机……

潘有声逝世后，胡蝶的心灵归宿和精神支柱没有了。胡蝶曾想将潘有声的兴华洋行和暖水瓶生意继续做下去，成为念想和寄托。但是，胡蝶发现自己熟悉的不是生意，不是生活琐事，只有电影。胡蝶一生的挚爱除了潘有声便是电影。潘有声的去世成为胡蝶生命中经历的最大的打击。

经历了诸多大喜大悲之后的胡蝶，明白以后的人生只有靠自己一人坚强地去承担和前行了。在香港她还有一双儿女，她必须独自抚养他们长大成人。1959年开始，出于经济原因和寻找精神寄托的需要，五十一岁的胡蝶，在息影十年后，接受了曾经在上海合作过的老东家天一电影公司即现在香港的邵氏电影公司的邀请，复出影坛。

1959年，胡蝶相继出演了由岳枫执导的《街童》和卜万苍执导的《两代女性》。此时的胡蝶明白属于自己的电影时代已经过去，也甘当配角，表现出了平和大气的心态。胡蝶说："在现实的生活是这样，在舞台上也是这样，不能永远是主角，年纪大了，就要演适合于自己年龄身份的角色……大家对我很尊重，从未把我当成配角，我就更感到要当好这个配角，让青年演员的演技能得到充分地发挥……《街童》和《两代女性》的拍摄，给了我一个很好的锻炼机会，而且自己在表演艺术上也有一些新体会……套句老话，艺海无涯，唯勤是岸。60年代电影的发展，观众的水准，乃至四五十年代涌现的导演、演员，他们的知识水准、演技都远远超过了二三十年代的那一代演员。要使观众对自己不失望，还能获得观众的承认，我仍需兢兢业业地努力去发掘自己的潜力，向新的演员学习。"

1960年，胡蝶应香港实力派导演李翰祥邀请，主演了家庭伦理教育影片《后门》。在片中，胡蝶饰演女主角坚强的中年母亲阿玲。导演李翰祥之所以邀请胡蝶来主演该剧，原因是曾经名噪一时的"电影皇后"胡蝶是李翰祥青少年时代的偶像。另外，更重要的是胡蝶那温润慈爱的形象与自己理想中的片中女主角阿玲完全符合。

在电影《后门》中，胡蝶的演技再一次得到了大众和业界人士的认可。1960年，第七届亚洲电影展在日本东京举行。影片《后门》在电影展中获得最佳影片金禾奖，而五十二岁的胡蝶凭借片中精湛的演技获得了最佳女演员大奖。这部电影再一次将胡蝶的电影艺术成就推向了新的高度，更体现了胡蝶这样德高望重的电影人孜孜不倦的艺术追求。

胡蝶再一次向观众展示了影后的实力、魅力和号召力，再一次向世界展示了中国电影的艺术高度和独特风格。

其实最难得的是胡蝶在竞争越来越激烈的电影界，能正确地调整自己的心态。面对生命中的大喜大悲、大起大落，作为一个年近半百的女艺人，胡蝶向世人昭示的不仅仅是自己的演技艺术追求，更是经过世事磨砺之后的平和心态和智慧沉淀。

二十七、"蝴蝶"飞走了

影片《后门》拍摄完成之后，胡蝶又客串了《苦儿流浪记》《孝道》《慈母千秋》等影片。直到1966年，五十八岁的胡蝶又应李翰祥邀请，前往台湾客串影片《明月几时圆》和《塔里的女人》。之后，胡蝶正式宣布息影，并做出了定居宝岛台湾的决定。她的一双儿女，也都长大成人，从香港移民加拿大了。

孤身一人待在台湾的胡蝶"虽然也老了，但还充满活力，用句时兴的话说，还不甘心退出历史舞台，还参加社会活动，在台北还有很多朋友，生活不寂寞，环境又安静，闲来种种花。" 1975年，儿子不放心六十七岁的胡蝶一个人在台湾生活，又把胡蝶接到了加拿大温哥华。年老的胡蝶虽然没有新的电影作品问世，看到儿女成家立业，生活幸福，甚是安慰。她把丈夫潘有声的骨灰从香港带到了温哥华。到了温哥华之后，胡蝶放弃了让她荣耀一生的名字"胡蝶"，改名"潘宝娟"。此时的胡蝶在异域他乡，成了一个只属于子女和丈夫的中国传统女人。她彻底放弃了荣耀光环，回归普通生活。

但是，胡蝶从来不曾忘记电影，她依然时刻关注着祖国电影事业的发展。从20世纪80年代起，随着中国的改革开放，祖国的电影事业迅速发展起来。许多报纸杂志登出了胡蝶各个时期主演的电影剧照，并高度肯定她对中国电影事业的贡献。远在海外的胡蝶看到世人对她的尊敬和肯定，不由得心生感动。在好友刘慧琴的帮助下，胡蝶决定撰写回忆录，为中国的电影事业再尽绵薄之力。1986年，由胡蝶口述、刘慧琴整理的《胡蝶回忆录》出版问世。

胡蝶作为中国的第一代电影人，有着关于电影最初最纯的梦。她和那一代电影人共同努力，追求电影的艺术价值，希望中国电影可以被世界所认同、为世人所欣赏。为了这个梦，不管身在何方，她都孜孜不倦地奋斗着。

胡蝶在回忆录中表达了自己希望有一天，中国电影能够飞越国界，到北美和欧洲上映的愿望。

1986年，台湾金马奖评奖委员会鉴于胡蝶为中国电影事业上的贡献，授予胡蝶金马奖。胡蝶在感动之余，更是思念祖国，唯有经常背诵国民党元老于右任先生的《望大陆》的诗作，聊以自慰。

1989年4月25日，八十一岁的胡蝶在加拿大温哥华病逝。曾经的一切如过眼云烟散去。胡蝶留给世人的最后一句话是："胡蝶要飞走了！中国，衷心祝愿您繁荣昌盛！"

什么是电影，什么是优秀的电影？什么是演员，什么是优秀的演员？胡蝶与她同时代的电影人用毕生的追求与探索告诉了我们答案。

胡蝶去世后，她的儿女把她葬在温哥华科士兰公墓，旁边就是丈夫潘有声之墓。这一对经历苦难和相濡以沫的夫妻，在分别了三十七年后，终于可以永远在一起了。

我时常在想，决定人一生的是际遇还是命运呢？

——胡蝶

第三章 才华横溢的作家、建筑师——林徽因

她貌美如花、举止优雅、气质出众,勤奋好学、智慧过人、才华横溢,见多识广、富有主见,浪漫多情、自信率真……她热爱真理、热爱生活、追求文艺。她拥有丰富的情感和想象力,时刻保有创造的激情,是一位对结构原理把控力较强的卓越建筑师。

她的一生既精彩纷呈又坎坷曲折。她经历了身边人、事、物的种种变故,自身饱受病痛折磨,承受着常人难以想象的艰辛与苦难,但她又以超乎寻常的毅力支撑了过来,最终在建筑学、文学和工艺美术设计上取得了辉煌的成就。

她是才华横溢的一代才女、创造辉煌业绩的建筑师,她是近现代建筑学宗师梁思成的妻子,是近现代著名诗人徐志摩的最爱,也是清华大学哲学系的创建者金岳霖的精神恋人。

林徽因的情感故事除了感人,更体现了真正的爱情是使人向上和相互成就的。林徽因的出现,让徐志摩有了无尽的创作灵感,让梁思成有了在建筑学上奋斗的动力。反过来,徐志摩和金岳霖的鼓舞让林徽因坚持创作,成为一名诗人、作家;梁思成的事业心也让林徽因投身建筑业,成为一名建筑学家。

她深受新旧两种教育方式和东西方思想的影响,是一名既传统世俗又追求独立自主的女性。她继承了传统闺秀知书达礼的修养,接受父母之命,媒妁之言的婚姻,婚后相夫教子,承担家庭主妇的责任。与此同时,她又具有追求独立自由之新女性精神,积极参与社会活动,希望从爱好与事业中寻求自我价值的实现。

第三章　才华横溢的作家、建筑师——林徽因　　　　　　113

英伦淑女 　　　　　　1916年，于北平 　　　1907年三岁的林徽因，家有
　　　　　　　　　　　　　　　　　　　　小女初长成

二八佳人，尘世最美 　青年男神梁思成 　　　与父亲合影

此外，因深受父辈身上爱国情怀和社会责任感的熏染，她又有一种与生俱来的使命感和责任感。这样的使命感和责任意识让她认为自己的才华和精力应该贡献给国家、社会和时代。客观地说，林徽因是中国近现代社会一名名副其实的精英。她能在看清社会的黑暗面后，不消极抱怨。面对国家面临的灾难，她还能够献身其中。这样的人格是伟大的，她在实现自我价值、发展个人事业、成就丈夫和承担国家、社会与时代责任中找到了契合点。

一、传统大家庭下的成长

林徽因原名林徽音，祖籍福建闽侯县。祖父林孝恂是晚清进士，本在京城做官，后由于在京城为官应酬开销大，家底不足，故寻求外派。最后林孝恂被调往浙江杭州一带做县官，他也将家搬迁至杭州陆官巷，建起府邸——林宅。1904年6月10日，林徽因便出生在这里。

当时，林徽因的父亲、林孝恂的长子林长民正在日本留学攻读政法，故祖父林孝恂做主从《诗经》中，取"大姒嗣徽音，则百斯男"一句中"徽音"二字，给林徽因取名为林徽音。意在希望林家的这个长孙女具有美好的品德，并预示林家人丁兴旺。后来，林徽音三十年代进入文坛，为避免与当时的一名男性作家林微音姓名相近，才改名为林徽因。

童年的林徽因，虽然没有受到过多的父爱，但是作为书香门第、官宦之家的长孙女，也备受祖父和祖母呵护，且自幼受到了良好而严格的传统私塾教育，知书达礼，修养良好。

可是，她的母亲在家里却十分苦闷。林徽因的母亲何雪媛是林长民的第一个妾室。在她之前，林长民的原配夫人叶氏因病早逝，没有留下一儿半女。何雪媛本出身浙江嘉兴一个小商人家庭,是一个典型的封建时代女性,没有受过教育,不识字。由于出嫁前在家娇宠惯了,性格不好,也不善持家,缺乏闺秀气质。这让书香门第、重视教育的林家人很不喜欢。婚后第八年,她才生下长女林徽因。

　童年的林徽因比较早熟,父亲留学归来之后,时常在外忙碌事业,很少回家。她就帮祖父写信,充当祖父和父亲之间的联络员。1910年,林长民归国后与一位留学日本的同学合伙,在福州创办政法学校,宣传立宪政治,开始投身政治活动。1912年,清政府垮台,中华民国建立。林长民被推举为福建省的代表,加入南京临时参议院,参与制定《中华民国临时约法》,其后林长民当选临时参议院秘书长。

时年林徽因八岁。作为前清官员的祖父林孝恂也将林家搬迁到了大都市上海。在上海,颇具开创精神的林孝恂投资入股上海商务印书馆,搞起了出版业。而林徽因也被祖父安排在虹口爱国小学念书,开始从家塾私学走进现代学校。而于此同时,林长民又娶回了第二任妾室程桂林。

1914年,祖父林孝恂在上海病逝,林家一下子失去了主心骨。此时林长民因民国政府迁至北平的缘故,经常在北平活动。所以不久,林长民又将家从上海迁至离北平不远的天津。林长民偶尔回到天津的家,更多的时候在北平忙于政事。十岁的林徽因作为家里的长女,充当起了家里的小管家,替父亲打理起琐碎的家事,负责写信给父亲,向父亲汇报家里的情况。由于在童年生活中过早地为家庭分忧,也使得林徽因比较独立和早熟。

直到1916年,林长民在北平政治仕途稳定下来,他又将全家迁至北平。全家人终于可以生活在一起了。十二岁的林徽因被父亲安排在北平著名的贵族教会学校培华女中读书。在学校，林徽因开始学习英语，并接触先进的西方文明。

但是，林徽因在家庭的生活却让她感到苦闷和怨恨。母亲何雪媛在生了林徽因之后，又生了一双儿女，但是都不幸早夭，这让本来就不喜欢何雪媛的林长民感到很忌讳。林长民自从娶回了程桂林之后，几乎就完全冷落了何雪媛。而程桂林先后为林长民生下了四个儿子和一个女儿。在有着传统重男轻女思想的封建家族里，程桂林自然赢得了林家人的重视，父亲林长民更是毫不掩饰对她的偏爱与袒护。林长民与程桂林以及他们的几个孩子住在宽敞的林家前院，而林徽因和母亲何雪媛则被排挤在狭小的后院里。

林长民很少来后院，毫不在乎林徽因和她母亲的感受。这让林徽因和她母亲十分憋屈，母亲更是对三娘程桂林和几个弟妹痛恨在心。林徽因也夹杂在家庭战争中，她敬爱父亲是叱咤风云的政治人物，但是又怨恨父亲的爱的不公和无情。她很可怜、心疼自己的母亲，却又恨她自己的无能。她想要疼爱自己同父异母的弟妹们，却又要顾及母亲的感受。这种封建式家庭生活的纷繁复杂，对她的心灵成长产生了很大伤害和影响，她甚至希望自己根本不存在于这样一个家庭里，恨不得自己死掉。

由于这些年少的家庭阴影，导致了她性格上的敏感、好强与缺乏安全感。

二、与梁思成的"相亲会"

1917年，林长民出任司法总长。时年林徽因十三岁。此时的林徽因已经出落得极为标致，林长民开始谋算起女儿的婚事。因为，这

第三章　才华横溢的作家、建筑师——林徽因

时有一个合适的人选出现在林长民视线里,他就是梁启超的大公子梁思成。梁启超乃近代中国极具声望的政治人物,晚清时维新变法运动的领袖之一,现又出任北洋政府财政总长。林长民在北平一直追随梁启超积极研究和推行日本政体模式的立宪政治,并加入了梁启超领导的"宪法研究院",还一起创办了机关刊物《晨钟报》(后来改名为《晨报》),宣传政治见解,并创立《晨报》文艺副刊。该副刊也成为宣传新文化运动的重要阵地之一。胡适、李大钊、鲁迅、蔡元培等人都是副刊的主要撰稿人。因此,梁启超和林长民在政治上、思想上是志同道合的朋友。现两人都在北洋政府担任高官,同为饱学之士,同具爱国情怀。两家结亲,自然门当户对,顺理成章。

梁思成比林徽因大三岁,1901年4月20日出生于日本东京,在日本上过中文学校,后回北平进入一所英国学校学习,1915年考入清华大学。梁思成身材精瘦,文质彬彬,在父亲梁启超的教育下,学习成绩优异,喜欢体育运动又十分爱好文艺,在清华大学是校园的风云人物,可谓一位才貌双全的青年男神。

1918年,在林长民和梁启超两位父亲的安排下,林徽因与梁思成第一次见面。对于一个十四岁的少女和一个十七岁的少男来说,他们只是通过这样的相亲会认识了。这是父辈埋下的一颗种子。父辈希望在几年之后这颗种子是能开花结果的。

与此同时,也正值第一次世界大战结束。1919年上半年,一战的主要战胜国在法国召开巴黎和会。中国政府作为战胜国一方也派代表团前去参加和会,并想要回战败国德国在中国山东的特权。梁启超亲自赶赴巴黎,以巴黎和会中国代表团场外顾问和记者的身份,进行外交活动。当梁启超打听到在会谈中,英、法、美三国做出决定将山东特权转让给日本时,他赶紧通知时任北洋政府外事会委员的林长民。

义愤填膺的林长民亲自撰写了一篇《山东忘矣》的文章，揭露当权者丧权辱国的嘴脸，号召人民起来反抗，并于5月2日将此文发表在《晨报》上。在报纸的宣传下，北京的学生愤怒了。两天后，即5月4日，北大学生和北京十几所中学、大学学生一起，举行游行示威。一场震撼全国的五四爱国运动爆发了。而林长民此举点燃了五四运动，最后迫使北洋政府在外交问题上对国民妥协。林长民虽然是爱国英雄，但是他也得罪了北洋政府当局。所以，他只好递交辞呈。但是，北洋政府又碍于舆论压力，既不敢重处林长民，又不敢接受他的辞呈，最后把他打发到欧洲，去处理组建国际联盟的相关事务。至此，林长民的仕途也从顶峰滑落。

为了处理国联事务，1920年，林长民被派驻伦敦。失意之下，林长民带着林徽因一起启程前往欧洲。一方面，有女儿的陪伴可以排忧解闷；另一方面，他也是要有心开阔林徽因的见识与视野。

三、旅居伦敦，名媛的养成

1920年4月，十六岁的林徽因同父亲林长民一起乘船前往英国伦敦。父亲希望林徽因的这趟欧洲之行，能够增长见识、开阔胸襟和视野。由于林徽因小时候与林长民相处时间很少，所以林长民也希望用言传身教的方式，让林徽因进一步耳濡目染到林长民的爱国胸襟、抱负和人格魅力。显然，此时的林长民对林徽因寄予了厚望，他希望女儿能做新时代的女性，从传统家庭的琐事中解脱出来，培养独立的见解，为将来中国社会的改造做出努力与贡献。

1920年3月底，林徽因跟着父亲林长民一起离京，前往伦敦。在旅途中，她第一次见识到父亲林长民在中国文化界的社交圈，他也第一次目睹了父亲在学生中间发表政治演说的魅力。5月，林徽因同父亲到达英国伦敦。他们很快在伦敦找了一间民房，租住下来。在伦敦，林徽因跟父亲一起参加了中国驻英领事的邀请会。此后，她也作为家里的女主人接待前来拜访父亲的朋友们，而父亲在伦敦结识的朋友们大都是英国文化界的精英名流。这极大地开阔了林徽因的见识和提升了她的品味修养，锻炼了她的交际能力，使她更加自信、成熟，富有思想。

1920年8月，林徽因和父亲一起游历西欧大陆。在巴黎、日内瓦、柏林、布鲁塞尔等城市极大地开阔了视野。一路上，林徽因和父亲林长民受到中国驻当地外交官很好的接待。林徽因见识了父亲和中国驻外领事们的政治交往，增长了不少国际知识，也开阔了政治视野。而在观光过程中，欧洲独特的建筑艺术之美更是震撼了林徽因的心灵。欧洲的建筑蕴含着丰富的历史底蕴、宗教色彩和艺术美感，让林徽因对建筑这个行业产生了浓厚的兴趣。十六岁的林徽因欣然地找到了一种为中国做出贡献的途径。当时的中国还没有建筑专业，她想学习西方建筑学专业，书写出关于中国建筑的理论，为中国现代建筑业打下基础。

直到9月，林徽因才回到伦敦进入圣玛丽女子学院念中学。父亲专门找来了两位私人教师，一位给林徽因补习英语，一位教林徽因弹钢琴。父亲林长民对大女儿林徽因的栽培是用心的。父亲带着林徽因参加的这些活动，也的确让她一生都受益匪浅。可以说，父亲把林徽因带入了自己的交际圈。在父亲身上，林徽因学到了社会责任感和爱国主义情怀。在父亲的栽培下，林徽因开始成了近代中国上流社会的一位受人瞩目的名媛闺秀。

四、结缘徐志摩

在父亲的社交圈中，一个男人意外的闯入，对林徽因一生造成了难以磨灭的影响。这个人就是后来中国近代著名的浪漫主义诗人徐志摩。

徐志摩是浙江省海宁县硖石镇人，生于1897年，比林徽因大七岁。父亲徐申如是浙江著名的企业家，硖石镇首富，海宁县商会会长。1915年徐志摩中学毕业，不久由父母包办，与上海宝山县巨富张祖泽之女张幼仪成婚。1917年，徐志摩转入北大就读法学，并在张幼仪哥哥、当时著名政治活动家张君劢的引荐下认识了梁启超，并拜其为师。1918年，徐志摩离开北大，远赴美国克拉克大学社会学系深造，一年后，转入纽约哥伦比亚大学研究院学习政治学。1920年，成绩优异的徐志摩获得哥伦比亚大学政治学硕士学位后，又辗转英国伦敦政治经济学院继续攻读博士学位。很显然，徐志摩是立志要做中国的汉密尔顿。但是，人生的命运变幻莫测，1920年秋，徐志摩在伦敦认识的两个人，改变了他的人生轨迹。一个是英国文豪高斯华绥·狄更生，另一个是他一生挚爱的林徽因。

1920年秋，徐志摩经张君劢介绍，拜访了林长民，同时也意外地认识了前来林家做客的高斯华绥·狄更生。真性情的徐志摩很受林长民和高斯华绥·狄更生的欢迎。很快徐志摩和林长民成为忘年交，而徐志摩和狄更生也成为了好友。当然，在林家，徐志摩也认识了那个叫他"徐叔叔"的扎着两个小辫儿的女孩儿林徽因。

1921年春，经高斯华绥·狄更生的推荐，徐志摩以特别生的资格进入剑桥大学皇家学院旁听英国文学课。在这里，徐志摩开始广泛地接触英国文学。这一时期英国正流行浪漫主义文学，尤其是浪漫主义

第三章 才华横溢的作家、建筑师——林徽因

诗人徐志摩

1922年，北平雪池胡同家中

1924年，扮演泰戈尔诗剧《奇特拉》中的公主

1928年3月，加拿大渥太华与梁思成结婚

1928年欧洲蜜月之旅

诗歌。而徐志摩在研读了拜伦、雪莱等浪漫主义诗人的作品后，也唤起了他内心的浪漫主义情怀。

1920年冬，张幼仪来到英国，与徐志摩居住在伦敦的沙士顿。张幼仪本是听二哥张君劢的话，想来跟徐志摩一起学习些西方文化，但是徐志摩对她的到来根本不上心，甚至很少跟她交流。在徐志摩眼里，张幼仪就是个旧时代的保守闭塞的传统女子，跟自己没有共同语言。张幼仪根本不知道，她的婚姻就在这个时候亮起了红灯。徐志摩经常到林家做客，和林长民畅谈。而在这一过程中，在与林徽因频繁接触的过程中，徐志摩渐渐地对林徽因心有所动。

英国的冬季，寒冷潮湿，长期伴随着延绵不断的阴雨。林徽因在陌生的异国他乡待久了也会显得孤独难耐。尤其是林长民前去瑞士参加国联会议时，一个人待在家的林徽因更是无聊至极。一个十六岁的少女，怀揣着浪漫情思，却一个人孤独地生活在陌生的环境里。而这时，徐志摩的经常光顾，给了她生活的乐趣。

徐志摩本来热情大方，幽默风趣，加之正在研读英国文学，所以，他常常侃侃而谈，在林徽因面前表达他对英国某某诗人作品的观点。而充满好奇心和求知欲的林徽因，扎着两个小辫，总是天真而又认真地听着"徐叔叔"谈天说地，时不时以自己对文艺的感知力和聪慧来应对徐志摩。这让徐志摩跟林徽因在交谈过程中找到了成就感，也进一步激发了他的文学热情。而在徐志摩对林徽因的文学教导中，徐志摩也渐渐地迷失了自己，爱上了这个聪明、漂亮、浪漫、可爱的女孩。

徐志摩甚至控制不住自己的情感，向林徽因表达了自己的爱意。可是接下来，林徽因在心动之后，却感到焦虑和恐慌了。这位也让自己有些着迷的徐叔叔，是父亲的朋友，是有妇之夫，究竟该怎么办？

第三章　才华横溢的作家、建筑师——林徽因

徐志摩为了表达追求林徽因的决心，甚至向张幼仪提出了离婚。这是多么大的一件事，对于一个十六岁的女孩来说，乃是生命中无法承受之重。两个人相爱很简单，可是要在一起厮守，却不是一件简单的事。她接受不了张幼仪跟自己母亲一样被抛弃的命运，也无法想象自己去嫁给一个离了婚的长辈。

徐志摩下了很大的决心，毅然决然，可是林徽因却在浪漫之余还坚守着理性和有关未来的担忧。无奈之下，林徽因将事情告诉了父亲林长民。林长民是决不允许女儿和徐志摩在一起的。无论是因为跟梁家的婚约，女儿和整个家族的未来，还是为徐志摩的实际情况考虑，林长民都必须阻止徐志摩对女儿的追求。林长民先是写信劝阻徐志摩，再趁暑假来临之际，将林徽因寄托给一个英国的医生朋友，让林徽因跟随其一家前往英国南部的小镇度假一个月，以便阻断两人的联系。最后，当林徽因回到伦敦后，林长民立即就带着她乘船回国了。就这样，林长民将林徽因和徐志摩分隔开，以此来冷却两人产生的情愫，免得再起风波。

林徽因和父亲林长民在欧洲一起旅居了一年半，这趟欧洲之行极大地丰富了林徽因的人生阅历与见识，也增强了她的自信与主见，并且为她后来的感情与事业产生了深远的影响。

而此时，留在英国念书的徐志摩并没有放弃对林徽因的痴恋。在林徽因离开伦敦后，他显得异常的忧伤，每日陷在对林徽因的思念中无法自拔。因此，他将大量时间都转移到欧洲文学研究与创作上。1922年2月，在张幼仪生下第二个儿子后，徐志摩决绝地与张幼仪离了婚。然后，他在剑桥大学静下心来潜心学习文学与诗歌创作。带着失恋的忧郁和对林徽因的思念，徐志摩的诗兴大发。渐渐地，徐志摩找到了人生的新方向，他决定放弃继承父亲的实业，专注创作现代新

诗。一个企图要做中国汉密尔顿的青年，最后做了中国的拜伦。

1922年9月，带着对林徽因历久弥坚的爱恋，徐志摩离开剑桥，启程回国。而此时，他与林徽因已有一年未见。

五、情定梁思成

林徽因回到北平后，又恢复了昔日的生活，她继续在培华女中念书，但是一切又都发生了显著的变化。在林长民和梁启超两位父亲的安排下，林徽因回北平没过多久，梁思成便登门拜访，这是为再次相亲而来。两人已是数年不见，而此时的林徽因更加美丽、大方、自信，既有大家闺秀的沉稳，又有新时代女性的活泼开朗。梁思成可谓一见倾心。

林徽因大谈自己在欧洲的所见所闻，其中她告诉梁思成自己的建筑理想，这让梁思成也对建筑学产生了兴趣。在接下来的日子里，梁思成开始主动约会林徽因，两人开始更多的接触，谈起了恋爱。

而此时的林徽因备受父亲林长民的重视与喜爱，父亲经常带着林徽因参加一些文化精英的聚会。林徽因也逐渐进入了父亲在北平的文化社交圈。此时的林徽因生活是安逸舒适的，无论是在林家的地位，还是在北平的朋友圈、文化界，无疑都是众望所归的名媛，梁启超对林徽因甚是满意和喜爱。这样众星拱月的生活，林徽因自然十分享受。然而，1922年10月，徐志摩带着对林徽因的迷恋，回到了中国。

对于徐志摩在英国狂恋林徽因，并与妻子离婚的事，京城早就闹得满城风雨，这也伤及了林徽因的名誉。回国之后的徐志摩在北平办起了文学社团性质的"聚餐会"，邀请当时北平的文化界人士一起聚餐，梁启超、林长民、林徽因、梁思成、胡适等都是徐志摩的受邀对象。他们聚在一起从事戏剧编排和演出活动,以及吟诗作画。不久,为了进行新体诗的研究和创作,徐志摩又成立了新月诗社。借着讨论文学之机,徐志摩依然追求着林徽因。这让林长民和梁启超都很伤脑筋。林长民出面阻挠徐志摩没有用,作为徐志摩师长的梁启超也不能坐视不管。1923年初,梁启超给徐志摩写了一封长信,劝告徐志摩"万不容以他人之痛苦,令自己之快乐",并提醒徐志摩,他的行为已经给很多人带来不便和伤害,不要将自己的快乐凌驾于很多人的痛苦之上。同时,他也担心徐志摩陷得太深,最后经受不住打击而意志消沉,毁了自己。但是,徐志摩很显然并没有把梁启超的话听进去,他认为自己追求真爱是可歌可敬的,"得之,我幸;不得,我命"。

就这样,凭着自己无法抑制的内心和对爱情的信仰,徐志摩还是满怀信心地去追求林徽因。在徐志摩心里,他一直相信,他跟林徽因是有心灵共鸣的。林徽因一定还跟在伦敦时一样,是对自己有感情的。

据说,当时,梁思成和林徽因周末经常在北海公园的松坡图书馆约会。那时,图书馆的馆长正是梁启超,凭借梁启超的关系,周末不对外开放的图书馆成了梁思成和林徽因相约的好去处。而徐志摩知道后,常来打扰。有一次,梁思成气不过,故意在门口贴了一张纸条,上面用英文写着"恋人需要独处,请勿打扰"。

说到底,林徽因骨子里还是保留了传统的女性色彩,她不可能像徐志摩一样为爱痴狂,不顾一切。她的爱始终保持在一个理性范围之内。

要是徐志摩还满怀信心认为可以挽回林徽因的话,那么,接下来发生的一件事,就真的宣告他们之间的不可能。

1923年5月7日上午,北平学生举行"五四国耻日"游行活动。

梁思成和弟弟梁思永一起驾着姐姐梁思顺从国外带回来的摩托车，出门去追赶游行队伍。不料，在经过长安街时，撞上了政府高官金永炎乘坐的汽车。结果，梁思成身受重伤，送到医院后，被确诊为右腿骨折。林徽因得知消息后，立即和家人一起前往医院探望。当林徽因得知梁思成将会落下终身残疾，右腿将比左腿短一小节，脊椎也会弯曲后，林徽因毅然决定留在梁思成身边照顾他。也许是患难见真情，在梁思成身心都需要振作之时，林徽因的陪伴很是关键。林徽因几乎每天都来陪伴梁思成，给他擦汗，陪他读书。在梁启超的建议下，梁思成开始研读国学，从《论语》《孟子》开始修身养性；再从《左传》《战国策》中提升智能。病床上的梁思成的确表现出了高超的心理素质和涵养，积极乐观面对人生的逆境。而林徽因无微不至的照顾，更增进了两人的感情。梁思成的心是温暖的。梁启超也自豪自己挑儿媳妇的眼光，对林徽因甚是喜爱。但是梁思成的母亲却对林徽因的表现很不满意，认为她闺誉受损，行为举止又有失体统，并断言儿子娶了这样一个女人，不会幸福。

无论如何，林、梁缘分已注定。一场车祸，最终梁思成抱得美人归，而林徽因和徐志摩之间终究是有缘无分。

1924年4月，梁启超和林长民等创办的讲学社，邀请当时刚刚获得诺贝尔文学奖的印度著名诗人泰戈尔访华。泰戈尔访华期间，徐志摩在北京创办的新月诗社也加入泰戈尔的接待工作中，徐志摩担任泰戈尔在华的随身翻译。两个多月的时间里，林徽因和徐志摩陪同泰戈尔在北平游览参观，接受北平文艺界的宴请。5月8日，在北平协和大礼堂为泰戈尔举办的六十四岁生日晚会上，林徽因、林长民、徐志摩等人还亲自用英文演出泰戈尔的诗剧《齐特拉》。当晚很多北平文艺界名人都前来观摩，而林徽因扮演诗剧中女主角齐特拉，更是首次在众多文艺界前辈面前展现自己的才华。

然而，因为接待泰戈尔的工作，徐志摩和林徽因增加了频繁接触的机会，连泰戈尔都看出徐志摩对林徽因的爱意，很想撮合二人。但是，林徽因最终告诉了徐志摩自己的选择。林徽因和梁思成决定6月份一起赴美留学，这对徐志摩来说无疑是一个重大的打击。徐志摩伤感不已，面对林徽因的再次远走，他只能最终无奈地选择放弃。

我是天空里的一片云，

偶尔投影在你的波心——

你不必讶异，

更无须欢喜——

在转瞬间消灭了踪影。

你我相逢在黑夜的海上，

你有你的，我有我的，方向；

你记得也好，

最好你忘掉，

在这交会时互放的光亮！

——徐志摩《偶然》

六、赴美留学，愉快的大一生活

梁思成用一年的时间调养好了身体，而林徽因也考取了半官费的留学资格。为成就自己的梦想，为学得一种能使中国建筑百年不朽的良好建筑理论，1924年初夏，梁思成和林徽因一起双双赴美攻读建筑专业。

1924年7月,梁思成和林徽因到达美国,两人先是在美国东部常春藤名校康奈尔大学报了暑假预科班。为了给建筑专业学习打下基础,两人趁着暑期补习了绘画和数学。林徽因选修了西方美术中的户外写生和高等代数两门课程;梁思成则选修了水彩静物画、户外写生和三角函数三门课程。而此时,梁思成还收到姐姐梁思顺的来信,信中提到已经乳腺癌晚期的梁母和自己都不喜欢林徽因,她们坚决反对梁思成与林徽因交往,这让梁思成在孝道和爱情之间陷入两难境地。

两个月后正式开学,梁思成和林徽因进入宾夕法尼亚大学攻读建筑专业。但是,宾夕法尼亚大学建筑系属于理工科,在当时,由于建筑系学生经常要彻夜赶图,女生多有不便,所以该系只收男生。这让林徽因只好"曲线救国",选择美术系,再以选修旁听的方式学习建筑课程。在两人刚刚入学半个月后,从国内传来梁思成母亲病逝的消息。

梁思成可以放宽心去爱林徽因了。但是,两人最初一年的相处却经常发生口角。原因很简单,或许是由于车祸所遗留下来的残疾原因,梁思成的性格越来越严谨自律、内敛低调;而林徽因在美国自由的氛围下,没有了林长民的管束,在学校显得异乎寻常的活泼、热情,经常在学校参加各种派对和华人社团活动,在华人留学生中很受欢迎。

在梁思成眼里,自己的女友显得有些放纵了,他很想约束一下她,可是林徽因又不愿意梁思成干涉她,因此两人时常发生争吵。据说,梁思成和林徽因每次约会,梁思成都要在林徽因宿舍楼下等上半个多小时,才见梳妆打扮好的林徽因下楼赴约。后来,梁思成的弟弟梁思永还写过一副取笑二人的对联:"林小姐千装万扮始出来,梁公子一等再等终成配",横批"诚心诚意"。

但林徽因和梁思成对待专业学习的态度都是刻苦认真的，当时大学的建筑讲师、后来成为著名建筑师的哈贝森称赞他俩的建筑图作业可以说是无懈可击。林徽因和梁思成经常在建筑图上配合。创意多多的林徽因常常边画边改，半途而废，一旦有更好的创意，就又重改，等到交图的日子临近了，她还没画出来。而这时，梁思成就插进来，以他精准的绘画功夫和持之以恒的作风把凌乱的创意整理成整洁可提交的作品。

此外，林徽因在美国学习西方绘画专业，户外写生和静物描写训练使她对自然环境的感受更深刻，同时也培养了她作为一个画家的细致观察力和灵性。与此同时，在美国相对安静的环境里，林徽因有更多的时间去阅读文学作品，她越来越倾心于文学和艺术。

七、父亲林长民离世

就这样，两人在美国度过了一年。直到1925年12月，林徽因和梁思成收到一封梁启超的急电。电报中传来一个噩耗，林长民在几天前的军阀混战中不幸中弹身亡。林长民的突然离世，对林徽因无疑是一个致命的打击。整个林家失去了一家之主，家里还有两个母亲和几个弟弟妹妹，林长民又未留下些许遗产，而自己在美国还未完成学业。林徽因想到了收拾包袱立即回国或者放弃学业，在美国打工赚钱。而梁启超也考虑到了这个问题，在信中，梁启超诚恳至深地劝慰林徽因，要她尽快振作起来，不必考虑家里的问题和美国留学花费问题。虽然梁启超也不是特别富裕，但是他会尽力想办法帮林徽因打理好。他鼓励林徽因坚强起来，鼓起勇气发挥自己的才华，和梁思成一起共同努力，待到学成归来，为中国艺术界做出贡献。

悲痛万分的林徽因，身在异国他乡，不能给自己敬重的父亲送终，不能安慰孤苦的母亲。想到自己前途的渺茫，内心难过极了，整日以泪洗面。而此时，梁启超帮忙料理林徽因家事，梁思成又无微不至地关怀林徽因，林徽因感动之余，她也感受到一个女人能承受的实在有限。在现实的打击下，往日里那个活泼自信的女孩不见了，人也变得越来越沉默寡言。人都是在逆境中才会慢慢变得成熟起来，也会在成熟的过程中，丧失最初最单纯的快乐。

八、徐志摩再婚

距离林长民去世快过去了一年，1926年10月的一天，林徽因和梁思成收到一封梁启超的来信，这封信又给了林徽因一次不小的冲击。梁启超在信中告诉梁思成和林徽因，他近日去给徐志摩的婚礼当了证婚人，而徐志摩的这位新娘正是军队高官王庚的前妻陆小曼。陆小曼是北平著名的交际花、一代名媛，与徐志摩在新月社的诗文活动中认识。在林徽因赴美留学之后，两人疯狂坠入爱河，陆小曼最后与王庚离了婚，嫁给了徐志摩。林徽因得知这一消息后，心里自然无法平静。

1927年1月，胡适到美国纽约的大学讲学，林徽因主动写信邀约胡适来费城讲学，林徽因其实是想见一见胡适，进一步从胡适口中打探徐志摩结婚的消息。结果，当林徽因从胡适口中详细地了解到徐志摩与陆小曼的热恋和结婚经过后，内心感到无比失落与伤感。昔日对自己一往情深的痴情郎，虽然分道扬镳，但是却没有再选择等待自己，而是另娶他人。徐志摩对自己的感情到底有多深，抑或者诗人本就浪漫多情？而林徽因也无法责怪他，因为大家各自有各自的方向。她当初选择了梁思成，就不能埋怨徐志摩了。所以，林徽因只能安慰自己

"让过去的算过去了吧。只求永远纪念着。"

在美国的这两年多时间里，林徽因遭遇诸多变故，这让她时常徘徊在忧郁和失望中。最终，林徽因还是坚强地走了出来，并学会了自我安慰。她形容自己这三年来的心理变化："得了不少阅历，也够苦了。经过了好些变化的环境和心理……老成了好些，换句话说便是会悟了从青年的理想主义阶段走到了成年的现实主义阶段，做人便这样做罢了。理想的梦停止了也就可以医好许多虚荣，这未尝不是个好处。"此时的林徽因阔别了青春时期的天真与浪漫，变得更加成熟、稳重。

九、嫁给梁思成

1927年2月，梁思成获得建筑学学士学位，林徽因获得了美术学学士学位。暑假后，梁思成转入哈佛大学研究生院继续攻读建筑学硕士学位。为等待梁思成毕业后一起归国，林徽因又进入邻近的耶鲁大学戏剧学院，学习舞台美术设计。终于，在1927年年底，眼看着两个年轻人即将完成学业，梁启超与林家人商定，在北平为梁思成与林徽因举行了正式的订婚仪式。事后，梁启超在给梁思成的来信中高兴地提到订婚当日午间宴大宾，晚间家族欢宴的热闹场景。梁家聘礼用玉佩两方，一红一绿，林家聘礼用玉印两方，等两人学成归国后，再交给二人保管。此外，用心良苦的梁启超还在信中，给梁思成与林徽因在加拿大的婚礼与欧洲蜜月路线，做了详细的安排与建议。

1928年3月21日，在美国完成学业的梁思成和林徽因，在加拿大渥太华举行婚礼。当时，由于梁思成的大姐夫周希哲是中国驻加拿大总领事馆的领事，因此，他们在领事馆姐姐梁思顺家的客厅举办了婚礼。在婚礼上，林徽因为自己设计了一套东方式带头饰的结婚礼服。婚礼由姐姐和姐夫主持，鉴于梁启超的政治影响和姐夫在领事馆的工作关系，婚宴可谓高朋满座，连加拿大记者也应邀出席报道，场面非常热闹。

梁思成和林徽因从1918年初次相识，到1928年最终步入婚姻的殿堂，整整十年时间。在婚礼当晚，梁思成问林徽因："为什么是我？"林徽因回答："这个问题，我要用一生去回答，你准备好听了吗？"很多事情是命中注定的，你不得不相信缘分天注定。婚礼举行后，梁启超来信祝贺，在信中梁启超对儿子和儿媳提出了两点希望，一是两人身体都不太好，希望将来在健康上开一个新纪元；二是两人从前都有孩子脾气，情绪化，爱吵嘴，希望现在成亲后能相互体谅对方。然而，此时的梁启超已经疾病缠身，将不久于人世。

十、欧洲蜜月之旅

结婚后不久，林徽因和梁思成遵照梁启超的安排，开始了欧洲的蜜月之旅。这次欧洲行对于二人来说除了是蜜月散心之外，还承载了两人考察欧洲建筑的任务。梁启超也鼓励二人多写建筑观察日记，多拍照，回国后整理出版。

梁思成和林徽因花了半年时间，先后游览了欧洲主要国家的一些重要城市和著名景点。对欧洲国家的市政规划以及中世纪与文艺复兴时期的建筑艺术，有了进一步的了解与研究。直到1928年初夏，为了节省费用和时间，他们取道莫斯科，通过西伯利亚大铁路返程回国。他们带着对建筑学理论的学习成果归来，并急于在阔别四年的祖国付诸实践。

当两人还在欧洲蜜月之时，梁启超已经为梁思成和林徽因回国后的就业做了考虑和安排。本来梁启超已以自己的人脉关系为梁思成谋得两所大学的教授职务让其选择，一是东北大学教授，二是清华大学教授。但是，后来梁启超觉得清华大学的环境太舒服，会使人懒于进取，最后替儿子选择了锐意革新的东北大学。考虑到东北大学对建筑事业的开辟更有利，最终，梁思成决定去东北大学任教。

十一、在东北大学的创业——创办建筑系和营造事务所

1928年8月18日，梁思成与林徽因回到北平。梁启超对自己刚过门的这个儿媳妇很满意。他在给女儿梁思顺的信中说："新娘子非常大方，又非常亲热，不解作从前旧家庭虚伪的神容，又没有新时髦的讨厌习气，和我们家的孩子像同一个模型铸出来的"。

在家休息了半个月，梁思成便前往东北大学任教。当时东北大学的校长是东北军统帅张学良，张学良与梁启超是相识多年的朋友，自然对学成归来的梁思成格外重视。东北大学的工学院为梁思成开设了中国最早的建筑系，梁思成任建筑系主任。而此时，林徽因则前往福建老家，把孤苦无依的母亲何雪媛接到自己身边。在老家期间，她受邀前去参观了父亲林长民曾经在福州建立的政法学校，并在老家当地的两所中学作了关于建筑艺术的演讲。之后，她带着母亲赶赴东北大学。

东北大学的建筑系，是梁思成和林徽因一手开拓出来的。建筑系创办的第一学年，共招收了四十多个学生，而整个系的建筑专业老师只有梁思成和林徽因二人。因此，梁思成和林徽因的教学任务繁重。当时，梁思成教建筑设计学和西洋与中国建筑史课程，而已经怀有身孕

1929年，一家三口与林母　　1930年前后，北平，岁月静好　　1932年喜得爱子

1929年，沈阳东北大学

1934年考察陕西省跃县药王山药王庙　　1929年秋，沈阳，初为人母

的林徽因则负责美术课和建筑设计的部分教学。创业虽然艰难，但两人满怀热情，积极投身教学事业。

但是，就在建筑系刚刚起步的时候，父亲梁启超病情却突然恶化。1929年1月19日下午，梁启超病逝，消息传开，举国震动。梁启超的离世，无疑意味着整个梁家的顶梁柱倒了。失去了梁启超强有力的支持，两个年轻人必须肩负起家庭的担子，自力更生。

梁思成和林徽因亲自为梁启超设计了墓碑，这也是夫妇俩回国后的第一件设计作品。八月，林徽因诞下千金，为纪念自号"饮冰室主人"的梁启超，他们给女儿取名梁再冰。由于林徽因要照顾小孩，所以梁思成把曾经同在宾夕法尼亚大学留学的同学陈植等人请到了东北大学建筑系任教。

他们的建筑系办得很成功，在全国也开始越来越有声望。与此同时，他们还创办了营造事务所，专门从事建筑研究和承包建筑设计工程。事务所一开张就接了两个大学校舍设计的大项目。他们除了承接一些政府公共设施工程设计项目之外，还替当地的一些军政要设计私家别院。当时，东北大学校长张学良向大学师生征集东北大学的校徽图样方案，林徽因设计了"白山黑水"图案参赛。结果被选中，并获得了四百元奖金。

但是，正当二人的事业蒸蒸日上之时，既要照看小孩，又要忙于事业的林徽因病倒了。经医生诊断，她感染上了当时很难治愈的肺结核病。

1930年冬，与夫人陆小曼定居上海的徐志摩，为了与北大中文系主任胡适商定到北大任教的事宜，来到了北平。当他听闻林徽因在沈阳感染肺病后，便急急忙忙地前往东北大学探望。当时，沈阳正值寒冬，气候异常寒冷，加上沈阳的医疗条件有限，并且时局混乱，社会动荡，徐志摩力劝林徽因回北平治疗。经过再三考虑，林徽因和梁思成听取了徐志摩的建议。不久，梁思成把北平东城北总布胡同三号四合院租下来，把林徽因、女儿梁再冰和岳母一起安置在此。

1931年2月，正值寒假，徐志摩前往北平，准备到北大任教，顺道去探望林徽因。当他见到林徽因时，林徽因已经骨瘦如柴，肺病越来越严重。见此情形，徐志摩劝说林徽因立即放下手上的工作和家务，到北平西郊的香山疗养。最终，林徽因和梁思成采纳了徐志摩的建议。林徽因带着母亲和女儿前往香山，而后不久，梁思成独自返回东北大学。

十二、香山疗养，文学创作的开始

从1931年3月，林徽因一直住在环境清幽的香山，一直到9月才返回北平城里。在香山的半年时间里，她放下手里的一切工作，静心养病。可以说，在香山的时光，林徽因的心情时好时坏。一方面，自己大好年华，却感染上几乎是不治之症的肺病，让她忧伤、自怜。另一方面，香山清静幽深的环境，悠闲自在的时光，使林徽因心神放松和平静。加之北平的朋友们常来看她，陪她说话，这使林徽因心里充满了欣慰和温情。

林徽因在香山养病期间，徐志摩一有空就会约几个文艺界的朋友前去看望她，陪她天南地北地聊天，排遣林的寂寞。她内心充满喜悦，那是一生难得的美好时光，但是徐志摩的陪伴和精神鼓励也让她的心情无法平静，更添些许伤感。两人的情谊仿佛又回到了相识的最初，但是都已有家室的两人只能挂在心间，两人能向彼此承诺的，能向世人承诺的只有两人的友谊。徐志摩将感情再次融入诗里，他写了许多诗给林徽因。

徐志摩的诗，对自己病况的忧愁和感慨，激发了林徽因创作诗歌的热情。此时，徐志摩在北大任教之余，与陈梦家等人筹办了《诗刊》杂志。在徐志摩的鼓励下，二十六岁的林徽因开始了诗歌创作。在香山幽静的自然环境和大量的闲暇时光中，她开始提笔写诗。从1931年4月开始，她先后在《诗刊》杂志上发表了《谁爱这不息的变幻》《仍然》《那一晚》《激昂》《一首桃花》《笑》《深夜里听到乐声》《情愿》等诗歌。林徽因的诗歌发表后，在文学界和朋友圈引起了强烈的反响。

林徽因在香山除了创作诗歌外，还尝试创作小说。1931年6月，林徽因写成了她的第一篇短篇小说《窘》，刊登在徐志摩创办的《新月》杂志上。《窘》主要描述了一个中年教授爱上自己好友的女儿的情感困窘之态。

林徽因走上文学创作之路，无疑是深受徐志摩影响的。在徐志摩与林徽因伦敦相识之初，林徽因就因徐志摩的引导，进入浪漫主义文学的世界，阅读了大量的文学作品。后来，徐志摩作为一个诗人，他的"诗情话意"和追求纯粹的人格魅力都让林徽因震撼。加之在美国留学期间，对美术、戏剧等艺术的学习，以及在美国遭遇父亲离世的痛苦与对徐志摩情感的伤怀，还有自身的病情更加深了林徽因对人生和命运的忧愁。这些都使她感情更加细腻、敏感，思维更具深度，赋予了她文学创作的灵性。

我们不能得知徐志摩在看了林徽因在香山写下的诗和小说，是怎样的感受。只知道，在半年后林徽因离开香山当日，他写下一首诗来表达自己的情感——《你去》。

你去，我也走，我们在此分手；

你上哪一条大路,你放心走,
你看那街灯一直亮到天边,
你只消跟从这光明的直线!
你先走,我站在此地望着你,
放轻些脚步,别教灰土扬起,
我要认清你的远去的身影,
直到距离使我认你不分明,
再不然我就叫响你的名字,
不断的提醒你有我在这里
为消解荒街与深晚的荒凉,
目送你归去……
不,我自有主张,
你不必为我忧虑;你走大路,
我进这条小巷,你看那棵树,
高抵着天,我走到那边转弯,
再过去是一片荒野的凌乱:
有深潭,有浅洼,半亮着止水,
在夜芒中像是纷披的眼泪;
有石块,有钩刺胫踝的蔓草,
在期待过路人疏神时绊倒!
但你不必焦心,我有的是胆,
凶险的途程不能使我心寒。
等你走远了,我就大步向前,
这荒野有的是夜露的清鲜;
也不愁愁云深裹,但须风动,

云海里便波涌星斗的流汞；
更何况永远照彻我的心底；
有那颗不夜的明珠，我爱你！

然而，那时的徐志摩是苦闷远多过快乐的。他与陆小曼的婚姻并非像他们热恋时那样甜蜜美好。婚后，徐志摩与陆小曼定居上海，陆小曼一直过着纸醉金迷的奢华生活，每天忙于交际，又吸食鸦片，开销甚大。她的花销远远超过徐志摩的收入范围。在经济压力之下，徐志摩不得不经常在北平和上海之间奔波讲学，以满足陆小曼的高额开支。为此，徐志摩经常劝诫陆小曼离开上海，到北平生活，并且戒掉鸦片，但是结果总是以争吵收场。

十三、加入营造学社——开始古建筑研究工作

1931年9月，病情好转的林徽因离开香山，回到北平北总布胡同三号四合院家中。这时，由于东北爆发"九一八"事变，时局骤变，梁思成离开东北大学，回到了北平。不久，梁思成和林徽因受邀共同加入了北平的一个由前北洋政府高官朱启钤创办的、专门从事中国古代建筑营造方式研究的民间学术团体机构"中国营造学社"。营造学社创办了考察古建筑的法式部，梁思成被聘任为主任。此外，学社创办了自己的学术期刊《中国营造学术汇刊》，专门发表中国建筑学术研究成果。学社还聘请了包括当时著名建筑师杨延宝、赵深和史学家陈垣、地质学家李四光、考古学家李济等最优秀的学术精英。当时的一些政商界人士也加入其中，而林徽因在营造学社担任理事。就这样，林徽因和梁思成放弃建筑系教学和承接建筑设计项目的事业，将工作

重心放在了对中国古建筑实地考察和学术研究上。

十四、徐志摩之死

1931年11月19日，林徽因在北大为外国驻华使节做关于中国建筑艺术的讲座，邀请徐志摩参加。不料，徐志摩乘坐的飞机飞行至济南上空时，因雾气浓重撞上了山头，当即坠入山谷，机毁人亡。林徽因得知这一消息后犹如晴天霹雳，泣不成声。梁思成和沈从文赶去济南处理后事。梁思成为林徽因带回来飞机残骸的一块小木板，给林徽因作为纪念，后来这个小木块一直悬挂在林徽因床头。

眼看，新的人生还在开始，自己好不容易克服病痛，努力让生活过得充满热情和希望。然而，徐志摩的突然离世却给林徽因造成了沉重的打击。她和徐志摩认识整整十个年头了。那样深爱自己的一个人，就这样突然离开了自己。在林徽因的精神世界里，那个重要的知音不在了。那个督促、激励和启发自己实现自我价值的领路人不见了，一切都变得没有了意义。

徐志摩去世后，林徽因经常会陷入对他的思念中。在她的生命中，对于徐志摩"或恨或怒，或者抱歉或者快乐或者难过或者痛苦"，各种滋味都是无悔的青春的见证，也使她的一生"至少没有太堕入凡俗"。

林徽因反思当下，自己已经是二十八岁的年龄，还没有任何成绩，自己又是个随性之人，靠突然的灵感和神来之笔做事，不能用功慢慢修炼。眼看机会越来越少，自己身体又不好，家庭事务又多，想到可能一世平庸，无法实现自我价值，内心难过至极，对徐志摩的思念也就越深。

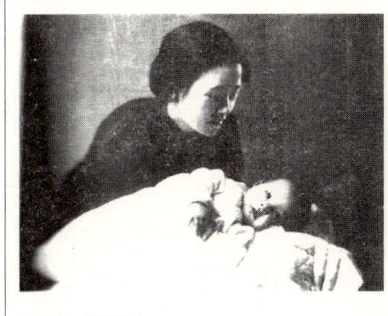

第三章 才华横溢的作家、建筑师——林徽因

1929年，慈母幼女

1930年书房，端庄

与徐志摩所乘失事的"济南"号邮政飞机的同一型号飞机

林徽因在徐志摩去世后，再次回忆当年两人的相识，如果时间能倒回，她会不会重新抉择。但是，最后她自己得出结论，如果徐志摩还活着，恐怕对待他的态度仍然无法改变。也许是爱得不够深的缘故，又或她爱她现在的家庭多过一切的缘故。因为她的出身是一个传统的闺秀，她要对得起丈夫梁思成的爱、自己的孩子，还有整个家族的荣光，更害怕家族非议给可怜的母亲带来痛苦。

十五、再上香山疗养

徐志摩的死对于林徽因而言，随着时间的推移"几乎成个固定的咽梗牢结在喉间，生活则仍然照旧辗进，这不自然的缄默像个无形的十字架。"林徽因把日子过得充实而忙碌。她把更多的时间花在赶制建筑工程设计图纸和撰写古建筑研究论文上，尽量避免去追忆徐志摩。

1932年3月，林徽因在《中国营造学社汇刊》上，第一次公开发表了自己的建筑学术论文《论中国建筑之几个特征》。在论文中，林徽因阐述了自己关于建筑艺术的几个观点。她认为一个好的建筑必须含有实用、坚固、美观三大特点。林徽因比对分析了西方建筑和中国建筑，指出现代欧洲建筑具有现代生活的实用性，并且这种建筑方法已成为一种革命的趋势，中国建筑应尽量利用近代科学材料，迎合现代生活需求。而中国建筑的架构体系与现代建筑方法原则是一致的，只需要在材料上变更，主体结构部分都不用过分改变，这样必然有全新建筑产生。这些观点，既保留了中国传统建筑特有的美感，也与时俱进弥补了中国古建筑土木结构为主、保存时间不宜太长的不足。这是有利于中国近代建筑业兴起与发展的基础建筑理论。

第三章　才华横溢的作家、建筑师——林徽因

4月,已经怀有身孕的林徽因和梁思成一起前往河北蓟县考察古建筑。实地考察很是艰苦,林徽因身体吃不消。从蓟县独乐寺考察回来后,林徽因肺病恶化,无奈之下,她再一次放下手里的工作前往香山疗养。

身体每况愈下,导致林徽因更加伤感悲思。想起一年前的今日,同样在香山,徐志摩常来陪伴。如此幽静和温情的地方,现在却变得清冷不堪,而病情导致自己不能全身心投入工作,想到这些,心里十分难过。最后,她在香山写下诗歌《莲灯》:

如果我的心是一朵莲花
正中擎出一支点亮的蜡
荧荧虽则单是那一剪光
我也要它骄傲的捧出辉煌
不怕它只是我个人的莲灯
照不见前后崎岖的人生——
浮沉它依附着人海的浪涛
明暗自成了它内心的秘奥
单是那光一闪花一朵——
像一叶轻舸驶出了江河——
宛转它漂随命运的波涌
等候那阵阵风向远处推送
算做一次过客在宇宙里
认识这玲珑的生从容的死
这飘忽的途程也就是个——
也就是个美丽美丽的梦

三个月后,林徽因从香山返回北平,在北平协和医院产下一子,为纪念宋朝营造专家李诫,夫妇二人给儿子取名为梁从诫。

林徽因虽然多愁善感,时常抑郁低落,但是她终归是意志坚强的,历经磨难的她依然把持着内心那股向上的力量。正如父亲林长民和好友徐志摩给她向上力量的爱与引导。丈夫梁思成对建筑事业的专注,女儿和新生的儿子给她带来的希望以及周围朋友们的鼓舞,这些都促使她必须振作起来,为自己为国家做一些成绩。她选择了坚强与倔强,她要活得精彩异常,让自己像蜡烛一样燃烧殆尽却也拼命发出所有的光与热。

此后,除了照顾子女、料理家务或自己肺病复发外,直到1937年抗战爆发,林徽因一边随丈夫梁思成一起到全国各地去进行古建筑考察和学术研究工作,一边创作诗文,生活过得充实而忙碌。北平协和医院医生曾因她的身体状况多次建议她停止工作,建议她至少卧床休息三年,以充分地调养好身体。但是,对于事业心极强的林徽因来说,这是不可能实现的。

十六、古建筑考察研究

生下儿子后的林徽因时常跟随丈夫梁思成与营造学社的同事一起长途跋涉,到山西、河北、河南、陕西、山东、浙江、江苏等地做古建筑古寺庙的实地考察。

在艰辛的旅途中,简陋的乡村环境下,你能看到她对乡村美景和饶有趣味的人事的欢喜,也能看到她对周遭环境不顺心时的破口大骂,她就是这样一个极富真性情的女人。虽然考察过程艰苦,但是在乡野之间,她也有野外旅行的浪漫情愫。对那些古老的庙宇,林徽因倾注了浪漫主义的艺术遐想。

通过实地的考察研究，林徽因协助梁思成写出关于中国古建筑的调查报告，包括《平郊建筑杂录》《云冈石窟中所表现的北魏建筑》《清式营造则例》《晋汾古建筑预查纪略》《平郊建筑杂录（续）——关于天宁寺塔建筑年代之鉴别问题》。这些专业的建筑学术报告，将实地考古探究与建筑学理论相结合，并且通过查阅大量的历史文献以及地理分析，最后实事求是地得出关于中国古建筑建造方法、建造艺术形式、建筑演变的流程等多方面的结论成果。林徽因写的学术报告颇有旅行日记的味道，真正是将诗人的艺术感带入了科学工作中。

梁思成和林徽因将这些报告发表在《中国营造学社汇刊》期刊上，在国内外建筑学界引起了强烈反响。当时，研究中国古建筑的要么是欧美人士，要么是日本人，国内甚少有人关注，而且，这些外国建筑学家的研究往往断章取义。所以，在父辈那里继承了爱国心和民族责任感的梁思成和林徽因，通过自己的努力，实地考察，撰写出关于中国建筑发展史的学术著作。一来肃清外国建筑师的不合理之处；二来，向世人展示和证明中国古代人民的劳动智慧，总结中华民族之伟大建筑艺术成就，在日本人加紧侵略中国之际，有助于增强中华儿女的民族自尊心和自豪感，三则为中国在走向工业化和城市化的过程中，为大量建筑的设计与兴建奠定建筑理论基础。

十七、情真志坚的金岳霖

在追求事业之余，作为一个充满艺术气息、情感丰富的美丽女性，林徽因在生活中又是不堪寂寞与孤独的。在林徽因生病或者要照顾家庭的时候，她不能与梁思成一起外出考察。而梁思成离家在外考察时则让林徽因感到苦闷不已。

徐志摩去世后，林徽因的情感生活并未走入平凡。不久后，她又有了另一段感情挣扎，就是近代中国第一位哲学家、逻辑学家金岳霖对林徽因的一世情痴。

金岳霖早年毕业于清华大学，后获奖学金赴美留学，获得哥伦比亚大学哲学博士学位。回国后，创办了清华大学哲学系，并担任哲学系主任。朋友们都称呼金岳霖为"老金"。金岳霖是一位充满才情的绅士，个子高高的，喜欢打网球，稳重又颇富浪漫气质。在留学期间金岳霖也谈过几个外国女朋友，其中有一个还跟他在北平生活过，但最终都没有走到一起。

金岳霖最初是经徐志摩介绍认识了林徽因和梁思成夫妇。1931年，金岳霖迎来了清华大学教授一年的休假期，他前往美国休假。大概在1931年秋冬季节，也就是徐志摩去世前后，金岳霖假期结束回国，并将家搬到北总胡同二号，与林徽因和梁思成成了邻居。

从1932年到1937年抗日战争爆发，金岳霖一直是和梁思成、林徽因夫妇住在北总布胡同四合院里。林徽因、梁思成一家住前面的大院，金岳霖住后面的小院。有一次，梁思成去外地考察古建筑，林徽因留在家里，一直对林徽因心生爱慕的金岳霖向林徽因表达了自己的情感。林徽因对金岳霖也是颇有好感的，在徐志摩死后，金岳霖是第二个在精神上能和她进行深入交流，并能在文学创作和人生态度上给予她一些真知灼见的人。金岳霖一直很欣赏林徽因的文学才华，并期望和鼓励着林徽因按照自己的方式继续创作文学。他是林徽因难得的知音。然而，对于有家室的林徽因来说，金岳霖的表白让她非常困惑、苦恼。

第三章　才华横溢的作家、建筑师——林徽因　　　　　　　　　　　*147*

青年才俊金岳霖　　　　　　1935年，北平天坛雅聚，与女儿梁再冰、金岳霖、费正清、费慰梅等

1934年，北平北总布胡同家中，静姝安然

20世纪30年代，风华正茂　　奋笔疾书　　　　1938年初，昆明

梁思成考察归来，林徽因很坦白地把这件事告诉了他："我苦恼极了，因为我同时爱上了两个人，不知怎么办才好。"梁思成得知这一消息十分痛苦，彻夜难眠。"她没有把我当一个傻丈夫，怎么办？""徽因到底是和我在一起生活幸福，还是和老金在一起幸福？"他躺在床上，思考了一晚上。第二天一早，梁思成告诉林徽因："你是自由的，如果选择了老金，我祝愿你们永远幸福。"林徽因听完此话哭了，并把梁思成的回答告诉了老金。老金听完后回答："看来思成是真的爱你的，我不能伤害一个真正爱你的人，我应该退出。"

后来他们之间没有再提起这样的话题。金岳霖依然深爱着林徽因，但是没有干扰她的生活。梁思成的宽容和金岳霖的理智把握，使得三个人划分清楚了彼此的界限，还成了最亲密的朋友。金岳霖成了梁家的一员，他除了早饭在自己家里吃外，午饭和晚饭都是和梁家人一同用餐，梁家内部发生争执也要请老金来调解，梁家的两个孩子都喜欢这位"金爸"。

与此同时，林徽因依然时常陷入对徐志摩的回忆之中。1934年10月，梁思成与林徽因应浙江省建设厅邀请，前往浙江考察并商定杭州六合塔修复事宜。之后，他们又去了浙江的其他几处地方进行古建筑考察。11月19日，在乘火车返回上海的途中，火车经过一个小站——硖石，这是徐志摩的故乡，又恰逢徐志摩祭日，林徽因触景生情，伤感不已，忆起徐志摩昔日的点点滴滴，泪水止不住地往外流。

徐志摩过世三年了，三年时光，对于林徽因来说，这世界依旧如此糟糕，自己的理智与情感如此矛盾，理想与现实是如此矛盾，自己是那样的渺小与无能为力。也许徐志摩是这个世界上最美好的一种纯粹，曾经的林徽因是追随着徐志摩的热情在进行文学创作的，现在的自己就像失去了引路人，迷茫、困顿，找不到努力的方向和坚持的动力。

林徽因了解自己善感多愁，在一次给沈从文的书信中，她很深刻和坦然地谈到了自己这一性格缺陷。她认为情感上的横溢，也是一种生活的意义，但是必须设法把它安置得妥当一些。林徽因是一个需要靠真挚的情感生活的人，对她而言，没有情感的生活生不如死。"我只要生活，体验到极端的愉快……近于神话理想的快活，以下我情愿也随着赔偿这天赐的幸福，坑在悲痛，纠纷，失望中。"

她认为"情感如诗歌自然的流动"，她很庆幸自己能够有过那种极端愉快的情感体验，那种精神上的共鸣与快慰，"世界上没有多少人有那种机会，且没有多少人有那种天赋的敏感和柔情来尝味那经验"。但是她的理性和人格修养又让她不能放纵自己，她必须对这种情感上的横溢做不得已的割舍。对待徐志摩和金岳霖，她都是这样在痛苦挣扎后，理智地做出割舍，让它始终保留在精神层面，从心而不逾矩。

林徽因之所以多情，其实还是因为她是一个热爱生活、追求精神世界的人。她比常人多了些许艺术家的敏感和灵性，又比常人多了些哲人的思考。所以，她的内心世界情感丰富，唯美而浪漫。然而正是因为林徽因是一个热爱生活、内心情感体验丰富的人，所以她在文学艺术上又表现出了惊人的才华。

十八、作家林徽因

林徽因之前在徐志摩主办的刊物上发表的诗歌引起了文学界的认可与好评，徐志摩逝世后她继续前行。靠着徐志摩在心中的一种精神性的鼓舞和自身所具备的天才创造力,在20世纪30年代中期,林徽因在文学领域大放异彩。她热衷于各种文学活动,经常参加甚至是牵头文学名流的聚会,经常进行创作,也鼓励新人后辈创作,成为北方文坛上的一道靓丽的风景线。

但是,由于要忙于建筑学术工作和打理家庭事务,加上自身健康状况影响,她只能做一个业余的作家。这一时期,她一共发表了二十多首诗歌和五篇短篇小说,还有几篇零散的散文、随笔,主要刊登在《学文》杂志、《大公报·文艺》报刊和《文学》杂志上。虽然为数不多,却自成一派,成为京派作家的重要代表成员之一。

十九、"文学沙龙"上的焦点人物

在北平、天津一带的京派作家,为了探讨文学,经常在一起聚会讨论,这些文人喜欢聚在一起"茶话"。林徽因就是最早在家中举办文学沙龙的文人之一。林徽因和梁思成租住的北总布胡同三号,是一个两进式的四合院,整个院落宽大明亮,房间布置更是中西合璧。浴室、更衣室、卫生间、书房等加在一起,总共四十余间房。家里的装饰摆设有传统中式的,也有西洋艺术品。书房的书架上则摆满了中外文书籍。院子种着梅花、海棠等花草树木。家里有两个厨师、两个保姆、一个司机和一个书房听差。这一切都显示着宁静高雅的文人情怀和闲逸舒适的文人生活。

在北平文化界的朋友中,林徽因和梁思成算是年纪小一些的了。比他们老成的朋友都喜欢跟他们在一起聚会,希望在他们身上吸收些新鲜的灵感。加之林徽因的美丽活跃、梁思成的宽以待人以及四合院闲致雅趣的环境,使得许多文教名流好友纷纷而至。张奚若、钱端升、李济、陶孟和、叶公超、沈从文、金岳霖、美籍汉学家费正清和费慰梅夫妇等文艺界名流都是座上宾。

他们经常边喝茶边高谈阔论，无不快乐，而林徽因作为东道主，自然是沙龙的主角。她常滔滔不绝地发表自己独特的见解，甚至主导整个话题。她机智幽默的谈吐、敏锐的批判以及美丽动人的脸庞，使她成为文学沙龙的焦点。去过"梁太太客厅"的萧乾后来回忆说："她说起话来别人几乎插不上嘴。连梁思成和金岳霖都只能坐在沙发上吧嗒着烟斗，点头称赞。"这位绝顶聪明的梁太太散发出异乎寻常的魅力，引来众多倾慕者。可见，林徽因是自信的，也确实很聪明，有才华，并且博览群书，博闻强记，见多识广。

林徽因喜欢热闹，除了自家的文艺沙龙外，她经常参加京派作家举行的一些文艺沙龙，比如1933年7月，从海外留学归来的北大教授朱光潜在家中举办读诗会；天津的《大公报·文艺》副刊成立，主编和主要京派作家、撰稿人每月也在北平中央公园"今来雨轩"举行组稿茶话会。在这些文艺沙龙上，被朋友们称作"林小姐"的林徽因经常因为她的好强性格、见多识广、思维敏捷而语出惊人，发出犀利的见解，成为沙龙上的焦点人物。

她十分关心文艺界的创作，当时南北方各流派的主要文学刊物她基本上都要看。她热心文学创作，自己也有独特见解。只要身体状况还好，没有去外地考察古建筑，她都会积极地参加北平文学界的这些聚会。而这位美丽优雅又活泼健谈的林小姐，几乎总是聚会中备受关注的焦点人物。有时林徽因在某个文学问题上还会坚持自己的见解，和他人争执起来，颇有文人的个性。

1933年，二十九岁的林徽因先后发表了《莲灯》《中夜钟声》和《山中一个夏夜》在《新月》杂志上，不久《新月》杂志因经费困难而停刊。到1933年9月23日，《大公报·文艺》在天津创刊，由时任国立青岛大学校长的杨振声和在该校任教的沈从文担任主编。林徽因应沈从文邀请在创刊号上发表了一篇随笔《惟其脆弱》。

二十、《学文》杂志上的诗歌与小说创作

至1934年春，北平"学文社"成立，林徽因参与其中，成为社员。该社于5月1日出版《学文》月刊，《学文》一般被看作是徐志摩创办的《新月》的延续，由徐志摩生前好友叶公超任主编。林徽因亲自为创刊号设计了封面，还发表了为儿子梁从诫而写的诗歌《你是人间四月天》和短篇小说《九十九度中》。林徽因跟很多作家一样，对社会的现实不满。她对社会有着敏锐的洞察，但是无力改变现状，只得用自己文字表达自己对社会现实的看法。

不到一万字的短篇小说《九十九度中》描述了北平一个炎热的下午，街市上的各阶层民众的生活状态。文章看似以一种没有核心人物和主要事件的流水账的方式在描写，实际上它却像《清明上河图》一样，是当时北平城的市井生活的写照，具有很高的文学价值和史学研究价值。

此后，林徽因还发表一篇诗歌《忆》在《学文》杂志上。但是没过多久，杂志出现了经济困难，更重要的是主编叶公超在清华大学已有五年教龄，这时轮到他到国外休假一年，因而《学文》于1934年8月出至第4期就宣布停刊了。之后林徽因创作发表的重心转移到当时北方最重要的文化阵地《大公报·文艺》副刊上。可以说，林徽因一生的文学作品的绝大部分都发表在《大公报·文艺》副刊上。

二十一、发表在《大公报·文艺》副刊上的创作

《大公报·文艺》副刊从1933年9月创刊至1937年抗战爆发后停刊期间，可以说是京派作家最具影响力和号召力的文艺副刊。《大公报·文艺》副刊的第一任主编沈从文是徐志摩生前的好友。徐志摩在世时，给予了沈从文在文坛上的诸多帮助和提携。1935年，副刊的主编一职又由新生代作家萧乾接任。萧乾在文坛上的成长少不了沈从文和林徽因的扶助，因此，林徽因也凭着《大公报·文艺》的平台，迎来了文学创作发表最旺盛的四年。

林徽因先后在《大公报·文艺》上发表了《微光》《秋天，这秋天》《年关》《深笑》《风筝》《别丢掉》《雨后天》《记忆》《无题》《题剔空菩提叶》《黄昏过泰山》《昼梦》《八月的忧愁》《过杨柳》《冥思》《静坐》《十月独行》《时间》《前后》等近二十首诗歌。在《大公报·文艺》上，她的诗歌创作迎来了一个高峰期。她时常在北总布胡同三号家中的书房，对着一扇窗，点上一支细香，在安静中寻找灵感。要么对着窗外院子中的景色，要么回忆自己在考察古建筑的旅途中遇到的景色，要么是自己脑海里幻想的场景，与当时的心情相结合来写诗。

二十二、创作《模影零篇》系列短篇小说

另外，她还在《大公报·文艺》上发表了自己的短片系列小说《模影零篇》之《钟绿》《吉公》《文珍》和《绣绣》。就小说而言，林徽因一生共发表了六篇短篇小说。第一篇小说《窘》和第二篇小说《九十九度中》，可以说是林徽因早期小说创作的尝试，由于在文字上显得有些琐碎，这两篇小说在发表之后都没有得到过多关注。

直到1935年，林徽因开始在《大公报·文艺》上发表系列人物小说《模影零篇》。这时著名文学评论家、林徽因的好友李健吾在《大公报·小公园》副刊上刊登了一篇对《九十九度中》的小说评论，对该小说内容和林徽因别具一格的小说创作风格大加赞赏，从而使其小说创作得到更多的关注。

以"模影零篇"为总题的四篇短篇小说，每篇都只有五六千字，四篇小说都是以主人公的名字命名。因钟绿、吉公、文珍和绣绣四位主人公都有其现实生活的原型，所以林徽因又以一个总题目生活的"模影零篇"冠之。

林徽因的《模影零篇》小说集是成功的，这也是她小说创作的佳作。她用诗人的理性、哲思去写小说，以一双冷静而客观的眼睛，洞察主人公的命运，并静静地注视着人物的悲欢离合。清新睿智的笔给使读者留下了深深的思索。同时她又用艺术家的唯美特质，采用独特的回忆形式叙事，舒缓抒情，将文章写得细腻柔软，用文字唤起读者与作者之间心灵的共鸣。

二十三、谈诗歌

此外，林徽因在《大公报·文艺》上还零散地发表了几篇文章，包括《闲谈关于古代建筑的一点消息》《窗子以外》《蛛丝与梅花》《纪念志摩去世四周年》《究竟是怎么一回事》。在《纪念志摩去世四周年》一文中，林徽因以一个老朋友的身份，高度评价了徐志摩在近现代白话文诗歌创作上诚挚、勇敢、努力的精神和态度，强调了徐志摩在中国现代新诗中不可替代的历史地位和文学价值。正是徐志摩在文艺创造上的努力和信仰作为一种精神动力，支撑着林徽因在诗歌创作上的坚持。她也表达了自己对近代中国兴起的散文诗的观点和体悟。她在文章《究竟是怎么一回事》中,详细地描述了写诗究竟是怎么一回事,散文诗该如何写,以及关于诗歌优劣评论的理解和意见。

延伸阅读:

写诗,或可说是要抓紧一种一时闪动的力量,一面跟着潜意识浮沉,搜索自己内心所萦回,所着重的情感——喜悦,哀思,忧怨,恋情,或深,或浅,或缠绵,或热烈。又一方面顺着直觉,认识,辨味,在眼前或记忆里官感所触遇的意象——颜色,形体,声音,动静,或细致,或亲切,或雄伟,或诡异;再一方面又追着理智探讨,剖析,理会这些不同的性质,不同分量,流转不定的情感意象所互相融会,交错策动而发生的感念;然后以语言文字(运用其声音意义)经营,描画,表达这内心意象,情绪,理解在同时间或不同时间里,适应或矛盾的所共起的波澜。

——摘选自《究竟是怎么一回事》

二十四、小说甄选评委

1936年,《大公报·文艺》迎来了一大盛事。《大公报·文艺》要将创刊以来的优秀短篇小说从报刊中遴选出三十篇来,整合成《大公报文艺丛刊小说选》一书,印制发行。而林徽因应主编萧乾的邀请接下了挑选小说的任务。这对林徽因来说,既是一件好事,又是一件难办的事。一方面,让林徽因来挑选小说,足以证明她在文坛中的重要地位;另一方面,这些小说作品中,既有小说界新秀的创作,更有知名小说家的作品,又涉及出版稿费的经济利益,弄不好就会得罪人。

最后,林徽因花了三个多月的时间十分严谨认真地完成了小说作品的甄选。她也将自己发表的两篇小说《钟绿》和《吉公》收录其中。此外,林徽因还为此书写了《文艺丛刊小说选题记》一文,来阐释自己的小说创作观点和对入选作品的看法。

林徽因强调自己选作品最重要的是看作品是否真诚,即"作品需诚实于作者客观所明了,主观所体验的生活。小说情景即使整个是虚构的,内容的情感却全得藉力于迫真的、体验过的情感,毫不能用空洞虚假来支持伤感的'情节'。许多人因自疚生活方式不新鲜,而故意选择一些特殊浪漫,而自己并不熟识的生活来做题材,然后敲诈自己有限的幻想力去铺张出自己所没有的情感,来骗取读者的同情,那些认真的读者要从文艺里充实生活认识人生的,自然要感到十分不耐烦和失望。"

在题材上,她批判了当时小说创作领域的一种盲从现象,在题材上,"很多作家都偏向对农村或少受教育分子或劳力者的生活描写。"在描写上,林徽因认为"大多数所取的方式是写一段故事,或以一两个人物为中心,或以某地方一桩事发生的始末为主干,单纯地发展与结束。这也是比较薄弱的手法。"她建议作家能写作"生活大胆的断面,剖示贴己生活的矛盾"。她希望作家们更有创造力,更有自己的个性,更热诚地来刻画多面复杂的人生,不拘泥于任何一个角度。

由此可见,林徽因对文学创作是敢于尝试创新的,她对文学有着自己的独到见解。但是她的言论又客观上对擅长描写底层人民艰苦生活的革命文学形成了无意识的攻击,这自然引来了文学界的口水仗。

1936年8月,《大公报文艺丛刊小说选》出版,印制了精装版和平装版两种,十分畅销。随后,《大公报·文艺》又专门设立文学奖金,林徽因作为评委参与评奖;这些活动在扩大了《大公报·文艺》在文艺界和社会上的影响力的同时,也提升了林徽因在文学界的地位。

二十五、担任《文学》杂志编委并尝试戏剧创作

1937年,胡适与杨振声带头筹办大型的《文学》杂志,京派作家以该杂志的创办而走入文学发展的顶峰。该杂志由朱光潜任主编,编委由林徽因、沈从文、周作人、叶公超、李健吾、杨振声、朱自清、朱光潜等十位文学名家组成。杂志每月开一次编委会,各个编委要分担阅读并挑选来稿,最后挑选出的稿子要在会议上经共同探讨、审议通过后,发表于《文学》杂志。受邀列入编委席的林徽因对该杂志的创办投入了极大的热情。她亲自设计创刊号封面,并在《文学》上首次发表了她的多幕剧《梅真同他们》。但是连载发表到戏剧的第三幕后,日本全面侵华战争就爆发了。7月29日,北平沦陷,8月,《文学》杂志被迫停刊。《梅真同他们》的最后结局,即第四幕未来得及刊登。不久《大公报·文艺》也宣布停刊。

林徽因文学创作的黄金时代随着战争的到来,戛然而止。正如后来林徽因的儿子梁从诫所说:"30年代是母亲最好的年华,也是她一生中物质生活最优裕的时期,这使得她有条件充分地表现出自己多方面的爱好和才艺。"

林徽因在三十多岁的黄金时代,在文学艺术上表现了自己的多才多艺。虽然和当时的文学名家相比,她资历还不足,建树尚少,但是，她的特别之处就在于她的自信、活跃、健谈、独特而睿智的分析视角。一个活跃开朗的美丽才女已经足以让她成为凝聚作家们的一种力量，萧乾称之为"京派的灵魂"。她在文学上勇于尝试和创新的表现，以及孜孜不倦的写作追求，体现了林徽因对文学艺术的热爱和充实热烈的人生追求。

二十六、逃难生涯

1937年7月，日本侵华战争全面爆发，北平即将沦陷。在民族危难之间，梁思成和林徽因的生活迎来了新的考验。7月29日，日军占领了北平。到9月，梁思成收到了署名日本"东亚共荣协会"的请柬，邀请他去参加日本人办的"东亚共荣协会"在北平的改革会议。显然，梁思成已经被日本人盯上了。他作为北平学术界的代表人物，又是著名政治家梁启超的后代，且小时候在日本生活过，日本人想拉拢他，以方便他们维持在中国沦陷区的统治。梁思成和林徽因意识到问题的严重性，要是继续待在北平，要么沦为汉奸，要么就会被日本人杀害。

在这样的危急关头，作为具有民族气节和爱国精神的二人决定离开北平，辗转西南大后方。为了避免最珍贵的学术研究资料落入日本人手中，也为了避免在逃亡过程中丢失，他们将营造学社的重要建筑资料，整理打包存放到天津英租界的英资银行保险库中。

在走之前，林徽因做了一次身体检查，医生警告她，她目前的身体状况不适宜在外奔波，但是，林徽因还是毅然选择了离开。战争使得林徽因对前途感到悲观和迷茫，仿佛过去的文艺事业成了一种奢侈的享受，她的生活揭开了新的篇章。

第三章 才华横溢的作家、建筑师——林徽因

林徽因万万没有想到,这样的逃亡生活她要过九年,而且是人生中最该奋进的时光。这九年时光,她的事业几乎停滞荒废,自己完全沦为一名家庭主妇,加之经济上的拮据和自己健康状况的每况愈下让她感到非常沮丧。

1937年9月5日,林徽因、梁思成带着两个年幼的孩子和老母,开始了抗战时期的避难生涯。和他们同行的还有金岳霖和清华、北大的几名教授。因为此时北京大学、清华大学等北平的著名高校也做出决定,向长沙做大迁移。

他们先抵达天津,然后坐船去青岛,再途经武汉,最后在十月初到达长沙。一路上,不停地换交通工具,找旅店,林徽因本就患有严重的肺病,经历二十多天的辗转颠簸,到达长沙后就患上严重的腹泻。最后,由于住宿的困难,他们只得在长沙火车站旁边的一个楼上租了两间房,暂时住下来。

住下来之后,作为文化人的林徽因和梁思成夫妇即便在如此艰难的环境下还保持着文人的一种格调,他们像在北平家中生活一样,常常有朋友到他们的小屋里聚餐、聊天。而这时,她扮演起了一个十足的主妇形象,烧菜做饭、洗衣、铺床、教孩子功课等内务都亲自上手。

然而长沙的时局也不安宁,大量难民涌入这个城市,每天的空袭警报不停地在耳边作响。林徽因和梁思成只能待在家里照顾两个小孩和老人,而在这样琐碎的家务下,林徽因的身体也有些吃不消了。她又患上了热伤风。在长沙待了近半个月,秋天延绵不断的阴雨加深了林徽因的病情。她和梁思成想要带着家人离开长沙前往相对安宁、气候宜人的昆明。但是,考虑到抵达昆明之后手头大概只剩下300元钱,而营造学社要恢复,这点钱是远远不足的,也不知道能不能申请些基金支持,因此,两人在长沙徘徊着。日子的清苦,天气的恶劣,对战

争的焦虑，干不了正事的空虚，加上身体上的疾病以及前途的迷茫，有时让林徽因甚至痛苦得想要了结生命。

更可怕的是11月底的一天，政府没有拉警报，日本的战机空袭了长沙。在这次针对长沙交通枢纽火车站的空袭中，林徽因和梁思成带着两个孩子和自己的母亲险些被炸，而租住的房屋则在空袭中垮塌了。他们把随身携带的东西从废墟中掘出了一些，然后在朋友张奚若家中暂住。他们决定动身离开长沙，争取在寒冬来临之前到达昆明。

而此时的金岳霖和北平高校组合而成的联合大学的师生们住在长沙郊区，还不知道在长沙城遭遇空袭的林徽因和梁思成一家险些被炸死的消息。而当他在一个星期后得到这一消息时，梁思成和林徽因一家已经动身离开长沙，率先坐上了去云南的长途汽车。就这样在流亡的途中，大家各自走散了。

两个中国上流社会的精英，过惯了舒适安宁的静态生活，加上梁思成跛着脚，林徽因拖着肺病，还带着六旬的老母和年幼的一双儿女，身上又没有多少钱了。一路颠沛流离，其中艰辛可想而知。

他们从湘西途经贵州最后抵达昆明，一路上，在超载拥挤的汽车上、在臭烘烘的小客栈里，他们和各色各样三教九流的逃亡人挤在一起。汽车时常意外地抛锚，或者途经陡险的山路。林徽因在路上病倒了一次，又患上了严重的支气管炎，而且很快转为肺炎，高烧四十多度，最后很艰难地熬了过来。他们就是这样"在令人绝望的情况下又重新上路"，好在沿途欣赏到了西南美好的自然风光，这让林徽因感叹，"如果不是在战争期间逃亡，心里背负着一种悲伤哀愁的话，这样的旅行真不知是几世修来的"。经历了千难万险，花了接近一个半月时间，1938年1月中旬，在经历了长达三十九天的旅途颠簸之后，林徽因一家总算达到了昆明。

二十七、昆明的拮据生活

达到昆明后,林徽因和梁思成租住在翠湖边巡律街尽头的"止园",这是前昆明市长居住过的宅院。由于梁思成和林徽因都是政治名人之后,又是当代文化界颇有名气的学者。昆明上流社会很看重他们的身份,很多权贵想与他们结交,所以,他们经常要参加一些应酬。对于林徽因和梁思成来说,自己内心是很排斥这样的应酬的,但是为了维持生活,又不得不去应对。看着昆明大量的难民涌入,来自各地的权贵们仍然十分讲究享受生活,不关心国家战事,近乎麻木不仁。而在应酬中"思成不能酒,我不能牌,两人都不能烟",这让林徽因感到尴尬,对社会现状感到愤慨。林徽因被困在愁闷之中,她都不知道自己到底"是来昆明做生意、走江湖还是做社会性的骗子"。

来昆明没多久,他们就面临着严重的生活压力。由于抗战时期,物资奇缺,以及大量难民逃至昆明,昆明的物价飞涨,他们租的房子租金也在不断上涨。林徽因和梁思成随身携带的财物有限,再加上在长沙经历了一次劫难,经济上越来越困难。作为建筑设计师的梁思成和林徽因很想在昆明,给政府机关或者事业单位设计一些工程,赚些钱来维持生计。但是当地的机关单位并没有重视他们,只有私人委托他们帮忙一些无实际报酬的杂务,这让他们很是苦闷。

好在不久,林徽因和梁思成在北平文教界好友的关照下,接下了两个大学的工程设计项目,一是为即将迁入昆明的西南联合大学担任校舍设计的顾问;二是为云南大学设计女生宿舍。这才让他俩有工作可做,暂时渡过经济难关。

然而,身体本来就比较单薄的梁思成由于熬夜加班赶制建筑图稿，过度疲劳，又病倒了。一开始，昆明的医生诊断他是扁桃体炎，他就索性把扁桃体切除了。接着，梁思成又患上了牙周炎，他又把满口牙齿拔掉了。最后才查出他是患上了脊椎关节炎和肌肉痉挛。这样一来，经过百般折腾的梁思成只能卧病休息。

那么，林徽因必须挑起家庭的全部重担。她一边要料理家务，一边要出去找工作。最后，她在云南大学找了份教书的工作，每周到该校上六个小时的英文补习课。就这样，一代名媛开始体会平民百姓生活的艰辛。而当时在上海的李健吾听闻有人看见林徽因在昆明街上提着瓶子买醋，感到颇为震惊和感慨。

但是，这一时期的林徽因总体来说精神上是积极乐观的。在抗战的大后方云南昆明，这里四季如春，气候宜人，风景如画，这让林徽因在经历一路逃亡艰险之后，暂时松了一口气。她称赞昆明的环境美丽悠闲，阳光明媚得有些像意大利，而两个孩子的成长也让作为母亲的林徽因感到欣慰。"女儿带着一副女孩子的娴静笑容，出落得越来越标致。而小弟结实又调皮，一对睁得大大的眼睛，他正是我所期望的男孩子。天生像个艺术家，能画出一些飞机、高射炮、战车和其他许许多多的军事武器。"

而且很快，随着北平高等教育院校搬迁至昆明，金岳霖、张奚若、杨振声、沈从文、萧乾、赵元任、梁思永、朱自清等北平文教界的老朋友们都陆陆续续来到了昆明。营造学社也开始重新启动起来。他们又开始像在北平时那样相聚在一起，聊战事、聊文学、聊社会现状，天南地北地畅所欲言。这一时期，朋友们的相聚给了林徽因精神上极大的慰藉，多少帮助了她忍受这场战争带来的苦难。金岳霖描述这时的林徽因"她依旧那样迷人活泼，表情生动和光彩照人，只是不再像以前那样滔滔不绝地讲话和说笑了"。显然，此时的林徽因内心依旧坚韧、乐观，但是在经历了生活的颠沛与艰辛之后，在国家遭受这样大的灾难面前，她看到了自己原来是那样的渺小，那样的无能为力，命运原来是那样的不可捉摸，她也变得越来越寡言沉稳。

二十八、重启营造学社

1939年初，日军的空袭蔓延至昆明市区，林徽因、梁思成和来到昆明的营造学社的同事们又把家搬到了郊区龙泉镇的麦地村。在这里，营造学社得到了中美庚子赔款基金会的补助，并挂靠中央研究院历史语言研究所。有了政府的支持，营造学社又开始了古建筑考察研究工作，他们租了一个叫"兴国庵"的旧尼姑庵作为工作室。1939年秋，梁思成基本恢复健康后，开始与营造学社的同事一起在西南地区作古建筑考察。他们花了半年时间，先后走访了四川西部的近四十个县，而林徽因则负责留下来整理资料和料理家务。闲暇之余，她也会偶尔提笔写诗，但是已经没有了往日的激情。但是，不久，从天津传来一个让他们难过的消息，由于天津爆发水灾，他们的宝贝、心血，那一箱存放在天津英租界的珍贵古建筑考察资料被天津的大水淹没，丢失了。

1940年春，梁思成和林徽因在离麦地村不远的龙头村买了一块地，自己设计、监制，并找当地工人修盖了三间农舍平房。其后，金岳霖也搬过来在旁边加修了一间小屋。他们在平房里过着像当地农民一样的生活。林徽因每日围着厨房转，日子过得十分拮据。为了修建这所房子，他们几乎倾尽了所有的积蓄，而这所房子最后的花费超出了他们预算的三倍。最后，还是好友费慰梅从美国寄来一百美元支票赞助了他们，帮他们渡过难关。当林徽因接到费慰梅资助的来信时，失声痛哭，一是因这份跨越国界的友谊而感动；二是为自己现在的生活状况感到绝望。因为，除了贫穷之外，他们接到了马上又要搬出昆明的通知。

1940年11月底，由于日寇对昆明的轰炸加剧，加之，日寇已经占领了越南北部，云南告急。重庆国民政府教育部下令中央研究院往长江上游的四川宜宾李庄转移。李庄与外界联系甚少，交通工具仅是河船，相当封闭落后。教育部正是看重它的隐蔽性高，以便研究人员专心工作，少受干扰。而此时，梁思成已经被任命为营造学社社长。肩负重任的梁思成与林徽因为了古建筑研究工作，只得前往封闭的李庄。就这样，他们带着无奈而沮丧的心情离开了昆明，离开了自己刚刚修建的新家，离开了西南联大的朋友们。

二十九、孤独与病痛中的李庄生活

来到李庄后，林徽因一家居住在营造学社总部的院子里。这里有茂密的竹林，清澈的小河，但是与昆明怡人的气候相比，四川的天气却糟糕很多。这里的天气长期见不到太阳，湿气很重。到李庄不到一个月，林徽因肺病复发，连续几个星期高烧四十多度。而李庄的医疗卫生条件极差，整个李庄没有一所像样的医院，缺医少药。梁思成只能从城里买些药回来，自己给林徽因打针。但是林徽因得不到正规的治疗，病情一天天地加重。她经常只能躺在床上，吃得越来越少，日益消瘦下去。几个月的工夫，林徽因就瘦得不成人形，眼窝深陷，面色苍白。病魔让她失掉了美丽的面容，她成了一个憔悴苍老、不停咳嗽的病人。为了方便照顾林徽因，梁思成在当地找了一个年轻的女佣，这一定程度上减轻了林徽因的家庭负担。

第三章 才华横溢的作家、建筑师——林徽因

金岳霖的客厅高朋满座

1945年抗战胜利后，洗尽铅华呈素姿

设计国徽呕心沥血

1943年，四川李庄，卧病在床

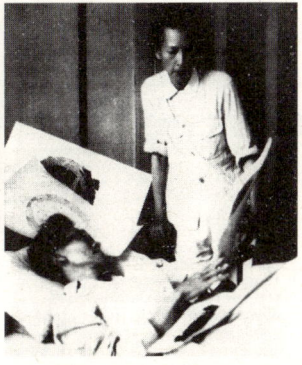

20世纪50年代，中流砥柱

在李庄的四年时间里，病重难医的林徽因大部分时间都是在一张帆布行军床上度过的。但他们遭受的打击不仅于此，他们在李庄的生活也越来越困难。虽然梁思成已经被中央研究所任命为研究员，又是营造学社社长，但是他的工资仅够一家人吃些粗粮。因为营造学社没有固定的经费来源，作为社长的梁思成只得年年到重庆教育部求援，然而资助也所得无几。而随着抗战后期通货膨胀的持续加剧，梁思成拿到工资如不立即去买些米和油的话，很快就会变成一堆废纸。偶尔有朋友从重庆或者昆明给林徽因带来一小罐奶粉，那都是她难得的营养品了。

家中实在无钱可用的时候，梁思成就只好把自己的派克钢笔、手表等贵重物品拿去典当。最后，历史语言研究所所长傅斯年不得不亲自写信给教育部部长朱家骅，请求政府给予梁家经济补助。在信中，傅斯年诚恳地写道梁思成和林徽因夫妇二人受父辈影响，身上所具备的爱国心、民族气节。"思成之研究中国建筑，并世无匹，营造学社，即彼一人耳。营造学社历年之成绩为日本人羡妒不止，此亦发扬中国文物之一大科目也。其夫人，今之女学士，才学至少在谢冰心辈之上。"而这件事，让林徽因在感激之余，更增添了她内心的悲感。她是这样独立好强的一个女人，无奈却因战争和疾病而一事无成。她在回复傅斯年的信中说："好不容易盼着孩子稍大，可以全力工作几年，偏偏碰上大战，转入井臼柴米的阵地，五年大好光阴又失之交臂。近来更胶着于疾病处残之阶段，体衰智困，学问工作恐已无分，将来终负今日教勉之意，太难为情了。"

在李庄的四年大概是林徽因一生中最抑郁的阶段。林徽因经常会焦躁不安，她经常在家里为生活中的小事与母亲何雪媛争吵。据梁从诫回忆，"战争和疾病无情地击倒了她，而这里又是那样一个偏僻单调的角落。老朋友们天各一方，难得有一两封书信往来。可以想象，她的心境有时是多么悲凉。"有时不仅仅是自身病痛所致，更多的，也许还是出于对未来无望的忧愁。

偶尔从头顶飞过的敌机会使卧病在床的林徽因束手无策。更糟糕的是，1941年3月，在成都的一次空战中，自己的弟弟林恒英勇作战，不幸遇难殉国。战争的节节失利让病痛的林徽因更加忧虑。此时，林徽因常把杜甫、陆游后期的诗词挂在嘴边。林徽因告诉儿子梁从诫，"中国念书人总还有一条后路，要是日军真的打过来了，我们家门口不就是扬子江吗？"

三十、对子女的教育

林徽因虽然经常卧病在床，但是只要精神稍微好一点，她就会找一些她热爱的事情来做。她有时辅导两个孩子的功课。为了帮助女儿学习英语，她用了一个暑假的时间来教她。她只选了一本《木偶奇遇记》为课本，儿童读物的语法简单，故事也吸引人，林徽因辅导女儿读一段背一段。故事读完了，女儿的英文也就自然学会了。

林徽因作为母亲，她的教育方式很少像其他母亲一样买一些儿童读物给孩子讲小白兔、大灰狼的故事。她和两个孩子的关系是平等的，她更多的是把孩子当成大人一样诚恳地对话交流。她关心孩子的基本生活、全面发展和身心健康。她尊重孩子自主的选择权，很少将自己的意志强加于孩子，整个家庭的教育氛围非常民主。与此同时，她又十分注重孩子的学识培养。

她给孩子大量的名著要孩子自己去读，她要求孩子读屠格涅夫的《猎人日记》，并仔细品味屠格涅夫对自然景色的描写。她给孩子们讲读《米开朗琪罗传》,详细描述米开朗琪罗为圣彼得教堂穹顶作画时的艰辛和对艺术的执着追求。她兴致好时还会把两个孩子叫到床边,给孩子朗读她以前创作的诗文,此外她也常常读一些古诗文。据梁从诫回忆,林徽因时常把"自己的作品和对文学的理解来代替稚气的童话,像对成年人一样来陶冶孩子幼小的心灵"。

三十一、 协助梁思成撰写《中国建筑史》

当时作为汉学家的费慰梅正在从事汉墓的研究,并出版了一本关于汉代浮雕的著作,还寄赠了一本给林徽因和梁思成。这让林徽因私底下也对汉代的历史产生了浓厚的兴趣。她认真地翻阅了汉代历史专著,梁思成称林徽因"把他们的习惯、服装、建筑甚至性格特点都牵连成一线。若是按照这个速度做下去,她迟早会成为一名汉朝研究的专家"。"她全身都仿佛浸泡在汉朝里去了。一提起汉朝人,就像是在谈论邻居家要好的朋友"。林徽因孜孜不倦的学术态度是可敬的,她甚至还想等抗战结束后,认真地给汉武帝写一本传记。

此外,工作之余的梁思成也会从研究所内给林徽因借回一些书籍。在李庄,她读了《通往印度之路》《莎士比亚全集》《维多利亚女王传》和一些俄罗斯作家的作品。偶尔她也会听一些贝多芬和莫扎特的音乐唱片。据梁从诫回忆:"她曾从中央研究院历史语言研究所借了几张劳伦斯·奥列佛的莎士比亚戏剧台词唱片,非常喜欢,常常模仿这位英国名演员的语调,大声地耳语:To be or not to be,that is the question!"

1942年8月,好友费正清来到重庆任职美国情报协调局驻华代表,这对林徽因和梁思成而言无疑是天大的喜讯。他给了他们许多物资上的帮助。而与此同时，教育部部长朱家骅见到傅斯年来信后，上报蒋介石，最后政府拨款两万元给梁家。经济状况的改善使得营造学社可以继续运作。此时，基本完成在中国实地古建筑考察的营造学社的建筑师们，受国立编译馆委托撰写《中国建筑史》，而社长梁思成负责撰写工作。林徽因替梁思成的书稿作补充、修改和文字润色，还负责编撰了书中第六章关于宋、辽、金时期古建筑叙述的三个小节，一共编写约一万字。林徽因对宋朝、辽代和金代的都市规划、重要的宫苑、寺塔建设的相关文献史料做了系统的整理。

在林徽因的协助下，梁思成1944年底撰写出了十一万字的《中国建筑史》，又用英文撰写出了《中国建筑史图录》一书。他们的设想是，把英文版的《中国建筑史图录》一书完成后送到重庆任职的费正清那儿，然后"制作成缩影胶卷，寄到美国出版或另找出版补助。英文文字部分随后付印。中文文字版本的则在中国印制。"这样一来，梁思成和林徽因的这"两套著作就可以在战争结束之前或者刚刚结束时上市。这样同仁们就有了希望，或者当做下一年的工作目标"。

为了这两本书，体重仅有四十七公斤的梁思成每天在菜籽油灯下工作到深夜。由于他有严重的脊椎灰质化病，常常抬不起头来，于是，他将下巴支在一个花瓶上，伏案作图，利用花瓶的支撑减轻脊椎的重负。而卧病的林徽因则半坐在床上，翻阅史料典籍，为书稿作补充修改。两个都是重病缠身的病人了，还不顾一切地在极端艰苦的环境下致力于学术研究，这不仅需要极高的学术水平，还需要很高的品德修养。然而，受战争时期条件的局限，两人对编撰的《中国建筑史》还不是很满意，尤其是林徽因，觉得自己不是很擅长做文献梳理工作。

对事业和祖国的忠诚与热爱使他们的精神状态始终高昂。费正清也不禁感叹,"这个曾经接受过高度训练的中国知识分子,一面接受了原始纯朴的农民生活,一面继续致力于他们的学术研究事业",他们"过着父辈少年时期过的粗简日子,但又做着现代的工作"。

他们心中一直有一个坚定的信念,那就是总有一天中国会取得战争的胜利。那时的中国将百废待兴。国家有大量的建筑工程需要他们去完成,而这一本建筑学的理论将体现出它的价值。

三十二、抗战胜利与陪都之行

1945年春,抗战胜利前夕,面对国家即将进入和平建设时期,梁思成和林徽因又将目光从古建筑研究转移至国家的建筑工程建设和培养大量的建筑师人才的建筑理论教学上。

梁思成写信给清华大学校长梅贻琦,希望他添设建筑系专业。与此同时,梁思成被国民政府任命为中国战地文物保护委员会副主任,负责领导编制日军占领的中国沦陷区相关文物目录。而林徽因则在家中撰写了《现代住宅设计的参考》一文。该论文针对战后重建和工业化城市规划布局中居民住宅问题,引入了老牌工业帝国英国以及美国的宝贵试验经验。

1945年8月15日,日本宣布无条件投降。与此同时,费慰梅也从美国再次造访中国,在重庆的美国驻华大使馆任职。当时在重庆的梁思成和费慰梅一起赶赴李庄。费慰梅见到了阔别十年不见的林徽因。林徽因庆祝抗战胜利的方式是坐滑竿到李庄县城的茶铺里喝茶。这是到李庄五年来,林徽因第一次到县城。街上的景象让林徽因感到有些惊奇和新鲜。

不久,梁思成带林徽因去重庆体检。抗战胜利后,她第一次去到了重庆。由于身体状况的原因，林徽因绝大部分时间都只能待在上清寺的中央研究院招待所里。当时，费慰梅请到了在重庆中国善后救济总署服务的美国著名胸腔外科医生李欧·艾娄塞为林徽因做检查。医生检查完毕后告诉费慰梅，他断定林徽因的肺和肾已经感染了，最多只能再活五年。对于这样一个诊断结果，费慰梅没有告诉林徽因，林徽因也没有过问，经历了生活的艰辛，林徽因看问题的角度和感觉都变得更深刻了，对于生死她早已听天由命，处之泰然。

在重庆的日子，费慰梅一有空就会驾着吉普车带林徽因出去玩，带她去看几场电影和戏剧，或者到美国大使馆用餐。在车里，她的眼光永远是盯着重庆的市井生活，仿佛一切都让她感到新鲜。费慰梅还带林徽因参加了美国派往重庆的特使马歇尔将军在重庆美国新闻处举办的一次招待会。在招待会上，由于马歇尔将军是为国共做调解的。所以，林徽因第一次见到了共产党的领导人，包括周恩来等人。关于共产党，林徽因从国民党那儿听到读到的更多的是负面消息。然而，在这样的环境下，中共领导人看上去却显得和蔼亲切，平易近人。

此后不久，鉴于重庆的天气不适合林徽因的病情，所以她从重庆又乘飞机前往昆明疗养，同时去看望那里的老朋友们。林徽因见到了阔别五年不见的朋友们，与他们不舍昼夜地畅谈，完全忘记了自己是一个病人。她很高兴能和朋友们交流他们这五年的生活状态、情感经历和学术近况。大家一起自由地讨论政治形势、家庭经济、战争中沉浮的人物和团体，很是愉悦。直到1946年6月，在昆明待了近半年的林徽因才和西南联大的老朋友们一起回到重庆。7月初，梁思成也收拾好李庄的东西，来到重庆与林徽因团聚。之后，梁思成、林徽因和原清华校长梅贻琦约谈，关于回北平后创建清华大学建筑系的问题。

7月31日梁思成、林徽因和西南联大的教授们一同乘坐飞机返回北平。九年远离故乡北平颠沛流离的生活，损耗了林徽因的青春和健康。如今再回来，已是四十二岁的林徽因和历经沦陷与战火的北平一样饱经沧桑，但是她的意志力却依然坚强。

三十三、创办清华大学建筑系

回到北平后，西南联合大学又分立为之前的清华大学、北京大学和南开大学。清华大学立即拟定创办建筑系，梁思成被聘任为建筑系主任，他们的家也搬到了美丽幽静的清华教师住宅区新林院8号。由于梁思成在海外发行的著作《中国建筑史图录》引起了轰动，他也迎来了建筑事业发展的黄金时期。他还未来得及出任清华大学建筑系主任，就接到了赴美考察二战后美国建筑教育的任务。耶鲁大学和普林斯顿大学分别邀请他前去开设讲座和会谈。他还被国民政府推举为联合国大厦设计顾问团的中国代表。

于是，1946年10月，梁思成动身前往美国。他走后，组建清华大学建筑系的许多工作就落到了病重的林徽因肩上。这个在清华大学建筑系没有任何名义和职位的梁太太，成了建筑系师生的顾问与导师，建筑系课程安排、教具采购、教员分配等大小事务都要经她把关。与此同时，林徽因还积极倡导和组织了清华建筑系的一批师生成立了工艺美术设计小组，承接校外设计业务。

此时的林徽因还是经常卧病在床，偶尔一些老朋友和清华大学的师生们，下午会到她家中做客。对于爱交流的林徽因来说，这给了她不少精神安慰。但是，由于肺病的不断恶化，她不得不过一种双重的生活。儿子梁从诫回忆这时的林徽因："白天，她会见同事、朋友和

第三章 才华横溢的作家、建筑师——林徽因

学生,谈论建筑、谈论文学,有时兴高采烈,滔滔不绝,自己和会见她的人都忘了她是个病重的人。"但是,一到晚上,她又整夜不停地咳喘、呻吟、喝水,辗转难眠。夜深人静,当病痛折磨着她时,丈夫不在身边,两个孩子,一个工作在外,一个在校寄读。她是那样的孤独与无助,"有着难以述说的凄苦。往往越是这样,她白天越显得兴奋,似乎想要攫取某种精神上的补偿"。好在金岳霖跟以前一样,每天下午都会来看望林徽因,有时给她带点小甜点,有时带一些文学作品来读给她听,有时见林徽因说话太多,就会帮她下逐客令。

然后不久后,林徽因不愿看到的一幕发生了。国共和谈破裂,蒋介石率先发起了内战。神州大地又开始经历新一轮的战火。对战争的厌倦,加上无休止的病痛,使林徽因更加伤感自己的命运。想到自己还有很多理想没有实现,让她十分抑郁和焦躁。她甚至怀疑自己等不到内战结束的和平之日,难过得想要立即了断生命。

1947年夏,林徽因的病情突然恶化,经医生诊断,她的肺病已经到了晚期,整个肾已经完全感染,需要立即动手术。林徽因给在美国的梁思成发去电报说明情况。接到电报后,梁思成立即处理好手上的事务回到北平。

梁思成从美国带回来一些电子小玩意儿,还买了一辆克劳斯来牌小汽车。林徽因摆弄着录音机、话筒等时髦的产品,还能坐自家的汽车,这让她感到十分开心。显然,他们在艰苦奋斗之后,事业取得了成就,同时也通过自己的努力,让家里的物质生活得到了极大的改善。

1947年12月,林徽因在身体调养恢复之后,做了切除肾脏的手术。手术做得非常成功,到1948年2月,她已经摆脱了手术后的高烧状态,逐渐康复,身体状况逐渐恢复,精神状态也好起来。她一下子

闲不住，诗兴大发，写下了《六点钟在下午》《昆明即景》《一串疯话》《我们的雄鸡》和《病中杂诗（九首）》。这是林徽因最后时期的诗歌创作了。在经历了国家战乱、生活艰辛以及面对自己生命的脆弱后，林徽因的诗歌创作显得更加深刻，富有哲思。这些诗篇读起来都是沉郁顿挫的基调。此外，她还把几首旧诗也拿出来，一同寄到报社发表了。她还计划接下来再将自己写过的诗都整理成一本诗集，找一家出版社出版。

1948年3月31日，是梁思成和林徽因结婚二十周年纪念日。金岳霖等一批老友到他们家去祝贺。林徽因即席做了一场关于宋代都城设计的演讲。我们可以看到一个从死亡线上被拉回来的人，是多么渴望生活，多么渴望实践自己的理想，热烈地生活下去。此时的林徽因已经瘦得完全不成形了，她也不再美丽，但是，却能给人一种很舒服的美感。那是一种独特的气质，她的神韵，她那双深陷的眼睛还炯炯有神，散发着对生活的激情、对理想的执着。

梁家依然每天下午四点半开始有朋友来喝下午茶，而林徽因依然是众人关注的中心，她神采奕奕，见解精辟独到，语言生动幽默，还经常模仿一些朋友们的方言发音和口头禅，引得大家捧腹大笑。而梁思成和金岳霖则坐在一旁认真地听，偶尔插上一句半句，言简意赅，幽默风趣。梁思成除了每天要领导建筑系的工作和他自己的教学与学术研究之外，成了一个专业的护士。他每天负责照顾林徽因的起居，为林徽因配餐，每天为林徽因注射各种药液。其实医生悄悄告诉过梁思成，虽然林徽因肾切除手术很成功，但肺部结核已经到了晚期，她将不久于人世。

三十四、为新中国建设投入巨大热情

1948年底,中国内战的形势已经趋于明朗,一个崭新的时代即将来临,政权即将更替,政治形态和社会意识形态也将发生变化,林徽因似乎隐隐约约有些预见。她周围的一些文艺界朋友在新时代来临之前选择离开了大陆,有的去了香港和台湾,有的移民美国和欧洲,而林徽因、梁思成和金岳霖都选择留了下来。对于他们而言,两人对祖国和古建筑事业有一种强烈的使命感,他们的建筑事业只有在祖国才有发展的空间。无论如何,他们为祖国的建筑事业都已经付出了自己大半辈子的心血和倾注了全部的感情。对于政治问题,两人在亲眼见证了父辈梁启超和林长民在中国政治风云中的沉浮之后,已经看得很淡然了。

然而,林徽因也清楚,作为一位作家,虽然她还计划着为自己出版一本诗集,但是,新时代的来临,她几乎不可能发表她以前写的诗歌和小说作品了。一个代表广大人民的无产阶级文学的主流时代即将来临,那些被认为太过于注重个人情感表达的资产阶级文学作品将会被埋葬,但是对于她而言,"只要年轻人可以做有意义的事,过得好,有工作,其他的都无所谓了"。

1948年年底,解放军进军北平,国民党军队企图以北平名胜古迹和高等院校作掩护,来抵抗解放军的进攻。中共识破了国民党想利用高等院校和名胜古迹作为威胁,想让共产党背负骂名,立即急电各部作战将领,要求他们注意保护名胜古迹和名校,并且主动与大学教职员工联系,商量如何在作战时减少损失。为此,解放军十三兵团政治部联络处的两名负责人在张奚若的带领下来到梁家,恳请梁思成和林徽因在地图上标出禁止炮击的重要古建筑区域。

这是梁思成和林徽因第一次和共产党人打交道。中共对北平名校与名胜古迹保护的态度让两人感动不已,这改变了林徽因和梁思成对共产党的看法。1949年1月,北平和平解放,北平的古建筑没有受到毁坏,接着,解放军开始南下作战。而这一时期,林徽因的女儿梁再冰也加入了解放军,可见林徽因和梁思成对新政权的认可。为了在南下作战中保护古建筑和接管全国的文物建筑,共产党派人来请教梁思成和林徽因,请他们把需要保护的古建筑整理成册,以作指南。在清华建筑系师生的共同努力下,《全国重要文物建筑简目》一书花了一个月就编写完成。在该书的说明中,他们批注"简目主要目的在供人民解放军作战以及接管时保护文物之用。"由此可见他们以及清华大学对共产党的支持。这本简目对解放军南下作战中,保护和接管全国各地的文物起到了重要作用。

在解放战争中,共产党对古建筑的保护态度和对林徽因、梁思成夫妇的重视态度,以及林徽因和梁思成对共产党的鼎力支持,让夫妇二人与中国共产党成了好朋友。新中国也需要一批顶尖的学术精英的支持。1949年10月1日,毛泽东在天安门广场宣布中华人民共和国成立,梁思成应邀参加了开国大典。而林徽因虽然卧病在床,也是激动万分。她说:"中国大病了一百一十年,现在我们的病基本上已经被我们最伟大的'医师'治好了。新生的中国正在向康复的大道上走。"

林徽因和梁思成对新中国充满了热情和期待,他们想要在新中国将自己的事业推向巅峰。经历战火和政治混乱,新中国百废待兴,需要在废墟上重建。这就为全国的建筑师带来了空前的机会。他们不但得到了设计成千上万住宅、工厂、学校、医院、办公楼的机会,而且在一两年内所设计的房屋面积将很有可能超过过去半生所设计的房屋面积的总和乃至更多倍。最主要的是他们服务的对象不再是可恶的奸商或者军阀官僚，而是劳动人民，他们将为祖国的振兴贡献力量。

三十五、参与国徽等设计

新中国成立后，林徽因的病情没有丝毫起色，但是她的精神面貌和生活方式发生了重大的改变。她每天都忙得不亦乐乎，她被聘为清华大学建筑系一级教授，并先后担任北京市都市计划委员会委员兼工程师、人民英雄纪念碑建设委员会委员、北京市第一届人民代表大会代表、第二届全国文艺工作者代表大会代表和中国建筑学会理事。这些崇高的社会地位，赋予了林徽因空前的生命力与抱负。以前，她和梁思成的建筑研究几乎仅限于营造学社和大学建筑系，更多的交际圈子是在学术界和文化界。虽然林徽因在文学上也颇有名气，但是她始终是梁太太，始终是依附于丈夫梁思成的。而现在，她真正有了女性的地位，她和梁思成承担了很多重要的大型建设任务，很多建筑设计理念被付诸实践。

她每周要在清华大学建筑系主讲两节现代民宅设计课。她还组织成立了一个工艺美术设计小组，力图复兴和革新民间景泰蓝艺术工艺，并且结合建筑装饰图样，亲自设计了大量手工作品的图案。此外，她和梁思成一起查阅大量资料，呕心沥血地参与了中华人民共和国国徽和人民英雄纪念碑的设计工作。

她还积极地进行思想改造，她读了一些苏联劳模的传记，以图提高自己"对共产主义制度的了解和感性认识"。她和梁思成等建筑师们一起将他们多年来对中国建筑史的基本观念做了一次深刻全面的改造。他们第一次尝试按照毛主席《新民主主义论》中的新民主主义文化路线的指示，以历史唯物主义的观点重新梳理中国建筑的历史发展历程，并撰写了《中国建筑发展的历史阶段》一文。并且在此基础上，他们又重新认识了建筑设计的基本原则，即建筑是具有民族特性的，中国的建筑应该具有本民族的特色。他们否定照搬西方古希腊古罗马或者文艺复兴时期建筑经验的做法，也否定照搬"功能主义"的"现代化"或者"国际化"的建筑经验的做法，呼吁建筑师们必须肃清过去半殖民地时期的欧式建筑风格。他们认为，建筑和都市计划不仅是单纯的经济建设，而且也是文化建设中极为重要和显著的部分。历史上封建的建筑物虽然已经不适应今天生活的需要，但是它们的优良传统，艺术造型上的成就却依然是今天建筑创造的源泉。

此外，在北京城的规划建设问题上，作为北京市都市计划委员会委员兼工程师的林徽因，为了保护北京的文物古建筑，与梁思成一起翻阅了大量的历史、地理资料，并通过实地考察研究，合写成了《北京都市计划的无比杰作》，积极倡导对北京古文物建筑的保护。随之，她再接再厉，在《新观察》杂志上开辟"我们的首都"专栏，撰写发表了《中山堂》《故宫三大殿》《北海公园》《天坛》《颐和园》《鼓楼、钟楼和什刹海》等介绍北京古建筑的文章。

对于首都北京的规划，林徽因和梁思成的观点是北京是一座具有八百年历史，而且近五百年来，其原貌基本保存完好的古城。这是迄今为止世界都罕见的保存最完整的、最大规模的文化古城。就其历史文化价值而言，北京应该据以全面保护。但是北京作为首都，又要是中国现代化的标志。要做到经济功能和文化功能兼顾，可以在古城外再扩建工业化的新城。这样既兼顾了历史文化和经济政治功能，也可使五十年后北京的交通状况得到改善。为了让这一观念被中央领导接受，他们还想办法阅读了苏联建筑师的著作，并引用其中的观点来论

第三章 才华横溢的作家、建筑师——林徽因

1935年，北平家中

1950营造系毕业生

证自身观点的合理性。

然而，北京市政府请来的苏联专家却否定了这一观点。他们按照莫斯科的发展模式，提案北京作为国都首先应该是工业化的代表，而且旧式的建筑是皇帝集权和压迫老百姓的象征，在人民当家做主的社会主义国家不应当被保存下来。

面对这样的情况，焦急万分的林徽因和梁思成不停地拜见中央领导人，企图让中共高层和北京市政府采纳自己的观点。但是，结果是让人沮丧的，最后，苏联专家团的方案被采纳。

三十六、伤感地离世

1954年秋，林徽因病情急转恶化，被迫停止了一切工作，卧床静养。眼看自己爱护的文物建筑将被一一拆去，躺在床上的她，欲哭无泪。在绝望中，她问道："为什么经历了几百年沧桑，解放前夕还能从炮口下抢救出来的稀世古城，在新中国的和平建设中反而要被毁弃？为什么我们要在博物馆的玻璃橱里那么精心地保存起几块出土的残砖碎瓦，同时却要亲手去把保存完好的世界唯一的这处雄伟古建筑拆得片瓦不留呢？"也许，在政治观念面前，学术研究显得有些苍白无力。

1954年底，林徽因住进北京同仁医院。在她住院后不久，梁思成也因感染肺病住进了医院。1955年3月底开始，林徽因一直高烧不退，处于弥留状态。3月31日深夜，林徽因用微弱的声音对护士说："我要见见梁思成。"可是缺乏耐心的护士说："夜深了，有话明天再谈吧。"林徽因坚持到凌晨6时20分，还是没有等到梁思成，最后悄然离世，终年五十一岁。4月2日，《北京日报》刊登了讣告，由张奚若、金岳霖等十三名学术界人士组成治丧委员会，在金鱼胡同贤良寺为林徽因举行了追悼会。追悼会上金岳霖和邓以蛰联名书写的一副挽联最为醒目：

一生诗意千寻瀑

万古人间四月天

北京市人民政府把林徽因安葬在八宝山革命烈士公墓。人民英雄纪念碑建筑委员会决定，把林徽因亲手设计的用于人民英雄纪念碑的汉白玉花圈的刻样移作她的墓碑，而墓体由梁思成亲自设计。林徽因逝世后，在整理她遗物的过程中，找到了林徽因临死都保存在身边的徐志摩在剑桥留学时的两本康桥日记。

1967年，梁思成娶了清华大学的学生林洙，陪伴他终老。而金岳霖后来的女友患上了癌症，来不及结婚就病逝了。金岳霖终身未婚，一辈子柏拉图式地爱着林徽因。晚年，金岳霖和林徽因的儿子梁从诫住在一起。1983年，有编辑记者到金岳霖家采访，当问及他与林徽因的往事时，他沉默不语。记者将一张林徽因年轻时的黑白照片拿给他看，他接过手，凝视着照片中的人，嘴角微微下弯，有些动容。过了许久，他才抬起头，像个小孩一样，说："给我吧。"

她对任何问题都感到兴趣，特别是文学和艺术，具有本能的直接的感悟。生长高贵，然而命运坎坷；修养让她把热情藏在里面，热情却是她的生活的支柱；喜好和人辩论——因为她爱真理，但是孤独，寂寞，忧郁，永远用诗句表达她的哀怨。

——文学评论家李健吾谈林徽因